COM_A_3070_01. Recepción de mercancías

Gustavo Abelaira Sarmiento

ic editorial

COM_A_3070_01. Recepción de mercancías
© Gustavo Abelaira Sarmiento

1ª Edición

© IC Editorial, 2025

Editado por: IC Editorial
c/ Cueva de Viera, 2, Local 3
Centro Negocios CADI
29200 Antequera (Málaga)
Teléfono: 952 70 60 04
Fax: 952 84 55 03
Correo electrónico: iceditorial@iceditorial.com
Internet: www.iceditorial.com

ISBN: 979-13-7027-139-8
Depósito Legal: MA 198-2026

Impresión: PODiPrint
Impreso en Andalucía – España

Nota de la editorial: IC Editorial pertenece a Innovación y Cualificación S. L.

Presentación del manual

El **Certificado Profesional,** anteriormente llamado Certificado de Profesionalidad, constituye el Grado C en el Sistema de Formación Profesional, asociado a un perfil profesional. Acredita la capacitación para el desarrollo de una actividad profesional concreta a través de las competencias adquiridas. Tiene carácter parcial y acumulable cuando existan Ciclos Formativos (Grado D) en los que sus módulos profesionales se encuentren contenidos en su totalidad o en parte.

El elemento mínimo acreditable es el **Estándar de Competencia.** La suma de las acreditaciones de los Estándares de Competencia conforma la acreditación del **Módulo Profesional** (Grado B).

Un Estándar de Competencia se define como una agrupación de tareas productivas que realiza el profesional. Los diferentes Estándares de Competencia de un Certificado Profesional conforman la **Competencia General.** Definiendo el conjunto de conocimientos y capacidades que permiten el ejercicio de una actividad profesional determinada.

Cada Estándar o Estándares de Competencia lleva asociado un Módulo Profesional, donde se describe la formación necesaria para adquirir ese Estándar de Competencia, pudiendo dividirse en **Bloques Formativos** (Grado A).

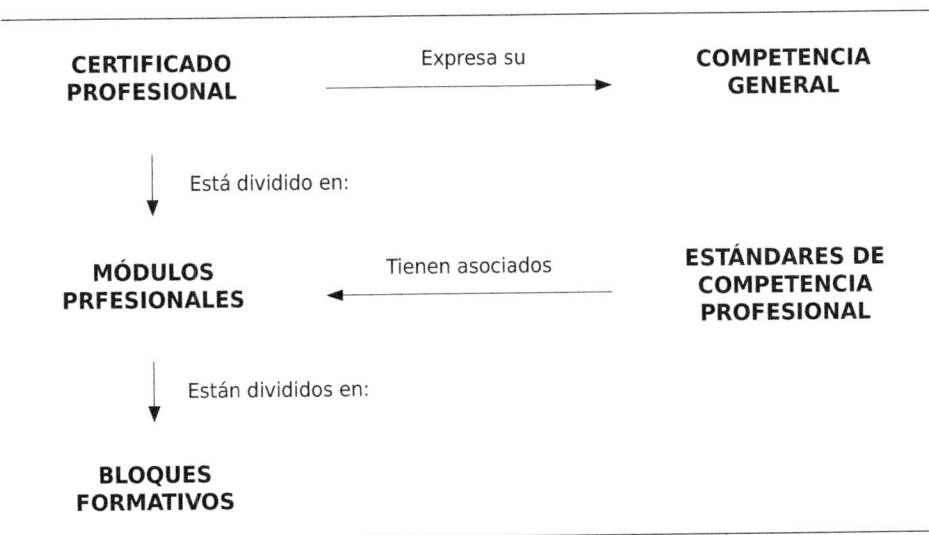

El presenta manual desarrolla el Bloque Formativo **COM_A_3070_01. Recepción de mercancías**

Perteneciente al Módulo Profesional **COM_B_3070. Operaciones auxiliares de almacenaje,**

Asociado al Estándar/Estándares de Competencia:

⇨ **UC1325_1:** Realizar las operaciones auxiliares de recepción, colocación, mantenimiento y expedición de cargas en el almacén de forma integrada en el equipo.
⇨ **UC0432_1:** Manipular cargas con carretillas elevadoras.

del Certificado Profesional **COM_C_001_3B. Actividades auxiliares de almacenaje**

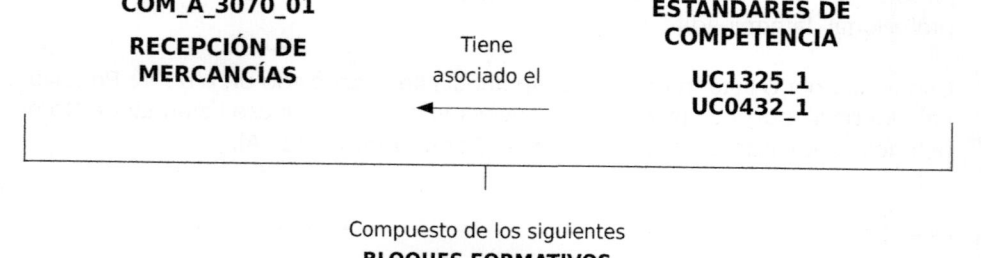

| COM_A_3070_01 RECEPCIÓN DE MERCANCÍAS | Tiene asociado el | ESTÁNDARES DE COMPETENCIA UC1325_1 UC0432_1 |

Compuesto de los siguientes
BLOQUES FORMATIVOS

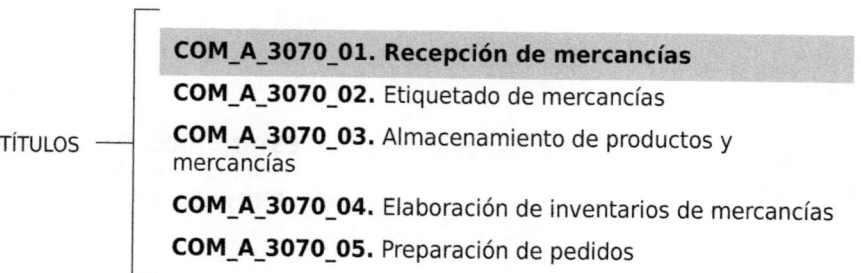

TÍTULOS

COM_A_3070_01. Recepción de mercancías
COM_A_3070_02. Etiquetado de mercancías
COM_A_3070_03. Almacenamiento de productos y mercancías
COM_A_3070_04. Elaboración de inventarios de mercancías
COM_A_3070_05. Preparación de pedidos

Contenidos desarrollados en este manual

FICHA DE CERTIFICADO PROFESIONAL

COM_C_001_3B. ACTIVIDADES AUXILIARES DE ALMACENAJE
(Real Decreto 212/2025, de 18 de marzo)

COMPETENCIA GENERAL: Realizar operaciones auxiliares de almacenaje de productos y mercancías, así como las operaciones de tratamiento de datos relacionadas, siguiendo protocolos establecidos, criterios comerciales y de imagen, operando con la calidad indicada, observando las normas de prevención de riesgos laborales y protección medioambiental correspondientes.

Estándares de Competencias Profesionales		Ocupaciones o puestos de trabajo relacionados
UC1325_1	Realizar las operaciones auxiliares de recepción, colocación, mantenimiento y expedición de cargas en el almacén de forma integrada en el equipo.	• Empleados/as de reposición. • Operarios/as de pedidos. • Carretilleros/as de recepción y expedición.
UC0432_1	Manipular cargas con carretillas elevadoras.	• Contadores/as de recepción y expedición.
UC0973_1	Introducir datos y textos en terminales informáticos en condiciones de seguridad, calidad y eficiencia.	• Operarios/as de logística. • Auxiliares de información.
UC0974_1	Realizar operaciones básicas de tratamiento de datos y textos, y confección de documentación.	

Correspondencia con el Catálogo Modular de Formación Profesional		
Módulos profesionales	**Bloques formativos**	**Horas**
COM_B_3001. Tratamiento informático de datos (285 h)	COM_A_3001_01. Preparación de los equipos	50
	COM_A_3001_02. Grabación de datos y textos	90
	COM_A_3001_03. Tratamiento de textos	90
	COM_A_3001_04. Archivo e impresión	55
COM_B_3002. Aplicaciones básicas de ofimática (320 h)	COM_A_3002_01. Tramitación de información en línea	50
	COM_A_3002_02. Comunicaciones mediante correo electrónico	75
	COM_A_3002_03. Hojas de cálculo	135
	COM_A_3002_04. Elaboración de presentaciones gráficas	60
COM_B_3070. Operaciones auxiliares de almacenaje (140 h)	COM_A_3070_01. Recepción de mercancías	30
	COM_A_3070_02. Etiquetado de mercancías	20
	COM_A_3070_03. Almacenamiento de productos y mercancías	30
	COM_A_3070_04. Elaboración de inventarios de mercancías	30
	COM_A_3070_05. Preparación de pedidos	30
1782. Prevención de riesgos laborales		30

Índice

Unidad de aprendizaje 1
Procedimiento de recepción de mercancías

1. Introducción   9
2. Verificación documental   9
3. Inspección física y cuantitativa   13
4. Inspección de no conformidades   17
5. Resumen   19
   Ejercicios de autoevaluación   21

Unidad de aprendizaje 2
Registro de mercancías y gestión de entradas

1. Introducción   27
2. Sistemas utilizados (manual o digital)   27
3. Trazabilidad y codificación   35
4. Registro de no conformidades   39
5. Resumen   41
   Ejercicios de autoevaluación   43

Unidad de aprendizaje 3
Procedimientos de control de descargas y manipulación segura

1. Introducción   49
2. Procedimientos de descarga   50
3. Medidas de seguridad y prevención   55
4. Resumen   59
   Ejercicios de autoevaluación   61

Unidad de aprendizaje 4
Concepto y clasificación de las mercancías

1. Introducción   65
2. Tipos de mercancías (peligrosas, perecederas, frágiles, etc.)   66

3. Requisitos específicos según clasificación 69
4. Resumen 74
   Ejercicios de autoevaluación 77

Unidad de aprendizaje 5
Los medios de transporte

1. Introducción 83
2. Tipos de transporte utilizado 84
3. Resumen 93
   Ejercicios de autoevaluación 95

Unidad de aprendizaje 6
Documentos relacionados con la recepción de mercancías

1. Introducción 101
2. Documentos básicos: albarán, factura, orden de compra 102
3. Control documental 111
4. Resumen 115
   Ejercicios de autoevaluación 117

Glosario

121

Bibliografía

125

OBJETIVOS GENERALES

Los objetivos generales del **COM_A_3070_01. Recepción de mercancías,** son los siguientes:

- Relacionar etiquetas, embalajes y medios de transporte con la tipología de productos y destinos para su correcta manipulación.
- Identificar distintos tipos de cargas y mercancías en función de sus características específicas de manipulación.
- Verificar la correspondencia entre las mercancías recibidas y sus etiquetas y/o el contenido del albarán.
- Identificar los distintos tipos de documentos relacionados con la recepción: pedido, albarán, etiquetas, cartas de porte, acta e informe de recepción.
- Reconocer las discrepancias y anomalías más frecuentes de las cargas.
- Extraer una muestra de una carga para su inspección.
- Clasificar mercancías conforme a sus características y condiciones de conservación.
- Describir los procesos de desconsolidación y desembalaje de cargas manualmente o utilizando las herramientas adecuadas.
- Utilizar hojas de cálculo para cumplimentar fichas de almacén.
- Elaborar un informe con el resultado de la recepción, utilizando aplicaciones informáticas.
- Emplear tiempo y esfuerzo en ampliar conocimientos e información complementaria.

Procedimiento de recepción de mercancías

Contenido

1. Introducción
2. Verificación documental
3. Inspección física y cuantitativa
4. Inspección de no conformidades
5. Resumen

Objetivos

Los objetivos específicos de esta Unidad de Aprendizaje son:

→ Aplicar correctamente los procedimientos de descarga, inspección y verificación de mercancías.

→ Identificar los casos de posibles incidencias y su adecuada gestión.

1. Introducción

La recepción de mercancías es una fase crítica dentro de la cadena logística de cualquier organización, ya que constituye el primer contacto físico y documental con los productos que ingresan al almacén. Una correcta recepción garantiza no solo la disponibilidad de los materiales en tiempo y forma, sino también el cumplimiento de los estándares de calidad, seguridad y trazabilidad establecidos por la empresa.

Este procedimiento abarca un conjunto de actividades que van desde la planificación de entradas y la coordinación con proveedores hasta la verificación documental, inspección física de la mercancía, registro de datos y gestión de incidencias. Para ello, es fundamental que el personal implicado conozca y aplique correctamente las normas y protocolos establecidos, así como las herramientas disponibles para la identificación, codificación y almacenamiento adecuado de los productos.

Además, la recepción de mercancías no es un proceso aislado: está directamente conectado con otras funciones logísticas como la gestión de inventarios, compras, control de calidad y almacenamiento.

En este sentido, el conocimiento del procedimiento de recepción permite no solo ejecutar tareas con mayor eficacia, sino también detectar y reportar no conformidades, asegurar la trazabilidad del producto desde su ingreso y facilitar la toma de decisiones en caso de incidencias. La correcta interpretación de documentos como albaranes, facturas, órdenes de compra y certificados de calidad, junto con una revisión física detallada, es clave para validar cada recepción.

A lo largo de este contenido, profundizaremos en las diferentes actividades que debe llevar a cabo Roberto, operario del almacén, para llevar a cabo de manera satisfactoria la recepción de las diferentes mercancías.

2. Verificación documental

 HILO CONDUCTOR

Durante el proceso de recepción de mercancías, unas de las tareas fundamentales de Roberto es comprobar que la información registrada en documentos

Continúa en página siguiente >>

<< Viene de página anterior

como el albarán, la orden de compra o las etiquetas de los productos coincida con la mercancía efectivamente recibida, lo que se entiende como "verificación documental".

En el contexto de la recepción de mercancías, la verificación documental es una de las primeras y más importantes tareas que debe realizar el operario. Esta actividad consiste en revisar y comparar los documentos que acompañan a la mercancía con los productos recibidos físicamente.

El objetivo principal de esta verificación es asegurar que lo que se ha entregado coincide exactamente con lo solicitado:

Cantidad	- Es necesario verificar que el número de unidades entregadas coincida exactamente con lo indicado en el albarán o la orden de compra. Esto incluye tanto la cantidad total como la distribución por embalajes o bultos, si corresponde.
Tipo de producto	- El producto entregado debe corresponder al tipo o categoría solicitada, según la descripción del artículo. Esto es especialmente importante cuando se manejan productos similares con pequeñas diferencias (por ejemplo, diferentes tamaños, colores o modelos).
Referencia	- Cada producto suele tener una referencia o código interno (SKU, código de artículo, etc.) que debe coincidir con el registrado en el sistema o documento. Este dato es clave para asegurar la correcta identificación del artículo dentro del inventario.
Lote	- En productos con trazabilidad (especialmente en sectores como alimentación, farmacéutica o industrial), es fundamental comprobar que el número de lote indicado en el envase o etiqueta coincide con el documento de entrega.
Otras especificaciones	- Como puede ser la fecha de caducidad o consumo preferente, condiciones de transporte o almacenamiento, país de origen o fabricante o certificados de calidad o conformidad, si se requiere.

 **DEFINICIÓN**

SKU *(stock keeping unit* o unidad de mantenimiento de inventario)
Es un código único que se asigna a un producto para identificarlo y gestionarlo dentro del inventario de una empresa.

El operario debe realizar esta comprobación con atención al detalle, siguiendo los procedimientos establecidos por la empresa. En caso de detectar discrepancias o incidencias (como referencias incorrectas, cantidades inexactas o etiquetas ilegibles), deberá registrarlas adecuadamente y comunicar la situación al responsable correspondiente antes de aceptar la mercancía.

La correcta verificación documental no solo garantiza un control eficaz de las entradas, sino que también contribuye a mantener la calidad del servicio y la eficiencia operativa en toda la cadena logística.

Además, es necesario que el operario de recepción coteje que todos los datos que aparecen en el albarán se corresponden con la mercancía recibida. En este sentido, es preciso comprobar datos como son el número de pedido, la fecha de entrega, los datos del proveedor, la descripción detallada de los productos, las unidades enviadas y cualquier observación relevante. En caso de detectar discrepancias entre lo recibido y lo documentado, se deben registrar de inmediato en un informe de incidencias y comunicar al proveedor para su resolución oportuna.

👁 **EJEMPLO**

En las empresas alimenticias este paso resulta imprescindible y, por ello, se debe comprobar que cada producto recibido coincide con lo especificado en el pedido y en el albarán: nombre del producto, cantidad, formato, fecha de caducidad, número de lote, condiciones de transporte (por ejemplo, refrigeración) y cualquier otra información relevante. Las etiquetas adheridas a los envases o embalajes deben ser claras, legibles y contener todos los datos requeridos por la normativa sanitaria vigente.

En todo caso, los pasos a seguir por los operarios de un almacén a la hora de recepcionar cualquier tipo de mercancía son los siguientes:

Revisión del número de orden de compra
- Se valida que el número en la factura y en la guía coincida con la OC registrada en el sistema.

Cotejo de cantidades y descripciones
- Se compara lo especificado en los documentos con lo que realmente se ha entregado.

Validación de precios y condiciones
- Se asegura que los precios y condiciones pactadas sean respetados.

Comprobación de fechas
- Se verifica la fecha de entrega, emisión de documentos y vencimiento (si aplica).

Firma y registro
- Si todo es correcto, se firma el acuse de recibo y se registra el ingreso de la mercancía.

 IMPORTANTE

Una incorrecta verificación documental puede derivar en pérdidas económicas por pagos indebidos, retrasos en la producción o sanciones por incumplimientos contractuales.

Hay que tener presente que la verificación documental es un paso esencial que conecta la planificación con la ejecución logística. Asegura que lo que llega a la empresa cumple con lo prometido y permite tomar decisiones basadas en información confiable.

Es por ello que dicho proceso presenta una vital importancia que guarda una especial relación con diferentes departamentos de la empresa, teniendo una implicación directa en aspectos tan importantes como:

La gestión de inventarios
- Un error en la documentación puede distorsionar las existencias reales.

La contabilidad y finanzas
- La facturación depende de documentos correctamente revisados.

Satisfacción del cliente interno
- Cuando las áreas que dependen de los insumos reciben lo que realmente necesitan.

Trazabilidad
- Especialmente relevante en sectores regulados, como es el caso de la alimentación.

Se considera cliente interno a cada uno de los trabajadores de la empresa.

3. Inspección física y cuantitativa

 **HILO CONDUCTOR**

Como operario de recepción del almacén, una vez descargada la mercancía, Roberto debe valorar su estado desde un punto de vista cualitativo y cuantitativo, prestando especial atención al estado en el que se encuentran los diferentes

Continúa en página siguiente >>

<< Viene de página anterior

bultos, desde el punto de vista de la calidad, y comprobando que el número de unidades se corresponde con lo pactado con la empresa proveedora.

De esta manera, se garantizará que la recepción de la mercancía sea llevada a cabo de una manera efectiva y eficiente.

El proceso de inspección física y cuantitativa hace referencia a la verificación de los productos recibidos con base en el cumplimiento de las especificaciones esperadas y pactadas con los proveedores. En este sentido, la inspección deberá centrarse en aspectos como la cantidad y la calidad de la mercancía recibida, su estado físico y las condiciones en las cuales han sido transportadas y que no presentan defectos, daños o alteraciones que puedan comprometer su uso, almacenamiento o comercialización posterior.

Por todo esto, podemos dividir este proceso en tres fases diferenciadas:

Inspección cuantitativa	- Se trata de un proceso basado en la contabilización de las partes que conforman un pedido, ya sean bultos, cajas, palés o unidades. Esta inspección debe ser llevada a cabo con la documentación necesaria, como es el albarán, la factura o la orden de pedido para verificar lo contado con lo especificado en el documento físico.
Inspección física	- Esta fase se centra en revisar y comprobar el estado exterior de la mercancía, revisando posibles daños visibles en los embalajes, fugas, signos de contaminación, comprobación de la conservación del producto durante el transporte e identificación de la mercancía mediante el correcto etiquetado.
Toma de muestras para inspección	- Se trata de una comprobación más detallada llevada a cabo especialmente cuando se trata de grandes volúmenes de mercancía, evitando así la inspección unitaria de cada uno de los pedidos.

Para llevar a cabo todos los procesos relacionados con la inspección de mercancías, es preciso que el personal encargado de dicha función opere con métodos estandarizados, de modo que cada una de las tareas ejecutadas se realicen de la misma manera independientemente del operario que la lleve a cabo.

IMPORTANTE

La toma de muestras cobra una importancia mayor en sectores como la alimentación o la medicina, ya que cualquier anomalía puede suponer un riesgo para la salud del cliente final.

La extracción de muestras debe seguir unos parámetros preestablecidos, pudiendo ser sistemático o aleatorio, donde los operarios de recepción deben apoyarse en herramientas que faciliten sus labores, como pueden ser pistolas de lectura, *displays* o sistemas de gestión de almacén (SGA).

Los displays son tablets empleadas en el almacén para el cotejo de mercancía, entre otras funciones.

DEFINICIÓN

SGA (sistema de gestión de almacén)
Es un *software* empleado por las empresas logísticas para gestionar todos los procesos y actividades ejecutadas, desde la recepción hasta la expedición de las mercancías.

Por último, a la hora de proceder a la extracción de un producto para comprobar su estado, esta tarea puede llevarse a cabo desde diferentes puntos de vista atendiendo a la naturaleza y tipo de producto:

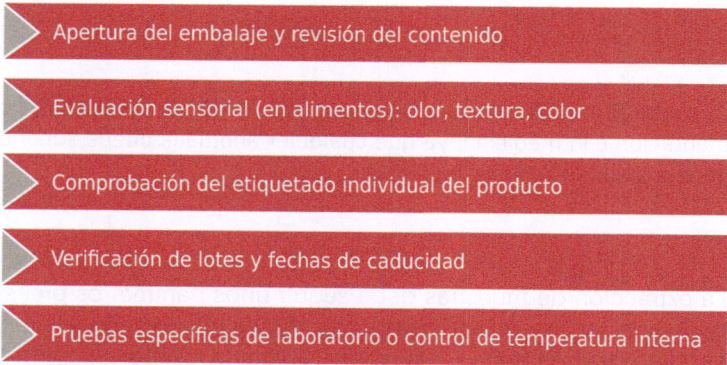

Apertura del embalaje y revisión del contenido

Evaluación sensorial (en alimentos): olor, textura, color

Comprobación del etiquetado individual del producto

Verificación de lotes y fechas de caducidad

Pruebas específicas de laboratorio o control de temperatura interna

En conclusión, todas estas actividades ayudarán a los trabajadores encargados de la recepción de productos a tomar la decisión correcta, ya sea la aceptación total del pedido, su recepción parcial o su completo rechazo en función del estado de las diferentes mercancías.

ACTIVIDAD COMPLEMENTARIA

1. Analiza de manera crítica los beneficios y limitaciones de las inspecciones físicas y cuantitativas durante la recepción de las mercancías. ¿Cuáles son los problemas que pueden derivarse si el proceso no se lleva de manera adecuada?
Elabora un listado de las ventajas e inconvenientes que tendrá para el almacén la presencia o no de proceso de inspección.

4. Inspección de no conformidades

Debido a que la tarea de recepcionar pedidos puede resultar compleja por el alto volumen de estos y la variedad de productos que debe manipular e inspeccionar, Roberto debe conocer cuáles son las anomalías más frecuentes que puede encontrarse y cómo debe proceder ante cada una de ellas.

Aunque lo ideal para cualquier empresa logística sería que todos los pedidos fueran recepcionados de acuerdo con la cantidad y la calidad solicitadas a los diferentes proveedores, la realidad es que en muchas ocasiones las entregas no cumplen con los requisitos establecidos, y es ahí donde se hace necesaria la identificación de no conformidades.

Al igual que las tareas explicadas anteriormente, se trata de un proceso clave dentro de las operaciones del almacén, puesto que las disconformidades aparecen en la recepción, la primera de las actividades llevadas a cabo en un almacén, y pueden repercutir en los procesos posteriores, como son la fabricación, la preparación de pedidos y la expedición de estos a los clientes finales.

Implementar un procedimiento claro y sistemático para la identificación y registro de no conformidades permite a la empresa tomar decisiones correctivas de forma inmediata, ya sea rechazando la mercancía, comunicando la incidencia al proveedor o activando procesos de inspección más rigurosos.

Así pues, entre las anomalías o no conformidades más comunes que pueden aparecer en la zona de recepción de un almacén, encontramos:

- **Falta de documentación.** Por ejemplo, la mercancía descargada en el muelle de entrada no se encuentra acompañada de la documentación correspondiente, como el albarán o la carta de porte. En estos casos, debe comunicarse al proveedor para solicitar dicha documentación y así poder registrar la mercancía o, en caso de no existir, proceder a su recogida.
- **Documentación errónea.** Por ejemplo, en ocasiones, debido al alto volumen de pedidos recibidos, es posible que la documentación se extravíe o entremezcle de manera que el albarán de un pedido no se corresponda con la factura entregada o con la orden de pedido, por ejemplo. Por lo tanto, ni es posible dar entrada a los pedidos ni proceder a su pago hasta que la documentación se ajuste correctamente a la mercancía recibida.

- **Error en el etiquetado.** Por ejemplo, productos que llegan al almacén con etiquetas ilegibles, con datos incorrectos o ausentes pueden dañar la trazabilidad del producto y su posterior tratamiento.
- **Cantidad o calidad incorrecta.** Es muy común que el pedido no se ajuste a la cantidad solicitada o que el medio de transporte haya dañado la mercancía y su calidad no sea la deseada. Por lo tanto, se dará entrada a los pedidos o productos que se ajusten a las condiciones solicitadas en cuanto cantidad y calidad, siempre y cuando haya sido corregido y quede reflejado en los correspondientes documentos.
- **Embalaje inadecuado.** Supone un problema que la mercancía descargada no presente el formato solicitado, ya sean cajas o palés, entre otros, puesto que es posible que el almacén no disponga de sistemas de almacenamiento adecuados para su almacenaje. En estos casos, se procede a la devolución del pedido.

En conclusión, saber gestionar de manera eficaz las no conformidades tendrá una repercusión positiva en aspectos como la gestión del inventario, la planificación de empresas industriales dedicadas a la fabricación y aquellas comerciales cuya actividad es la distribución a puntos de venta, además de mejorar las prácticas llevadas a cabo en los procesos logísticos y suponer una mayor comunicación con proveedores para implementar medidas correctivas y preventivas para ayudar a la desaparición de estas anomalías.

TAREA 1

En diversas empresas dedicadas al sector de la alimentación han recibido diferentes pedidos que no cumplen las especificaciones solicitadas debido a distintos motivos. Indica la no conformidad presente en cada uno de los casos:

a. Una empresa de alimentos procesados recibe un lote de salsas etiquetadas como "Salsa barbacoa clásica". El albarán indica que se entregaron 1.000 unidades, pero en realidad se reciben 800 unidades de "Salsa picante", otro producto del mismo proveedor.

b. Una empresa de distribución de productos lácteos recibe un lote de yogures naturales en presentación individual. Al inspeccionar las unidades, se detecta que las etiquetas no incluyen la fecha de caducidad ni el número de lote, requisitos obligatorios según la normativa sanitaria.

c. Una tienda *gourmet* recibe una remesa de frascos de mermelada artesanal. Los frascos llegan en cajas de cartón sin separadores internos ni protección contra impactos. Al abrir los bultos, se encuentran varios frascos rotos y con derrames.

 **ACTIVIDAD 1**

Un auxiliar de almacén recibe una entrega de dos bultos de un proveedor con su correspondiente albarán. Este lleva en su interior la siguiente información. ¿Cómo debe proceder el operario del almacén?

Código	Descripción del producto	Cantidad	Lote	Fecha de caducidad
A1002	Paquete de folios A4 (500 uds.)	10	L0932	N/A

Por otra parte, en los bultos recibidos figura la siguiente información en las etiquetas:

Bulto 1	Bulto 2
Código: A1002	Código: A1002
Descripción: paquete de folios A4 (500 uds.)	Descripción: paquete de folios A4 (500 uds.)
Cantidad: 5	Cantidad: 5
Lote: L0932	Lote: L0932

5. Resumen

El procedimiento de recepción de mercancías representa una fase crítica dentro de la cadena logística, ya que es el punto de control que garantiza que los productos que ingresan al almacén cumplan con los requisitos establecidos en cuanto a cantidad, calidad, documentación y condiciones de transporte.

Por ello es importante ejecutar una planificación que cumpla con los siguientes pasos:

Inspecciones físicas y cuantitativas	Registros sistemáticos	Personal capacitado

En definitiva, el procedimiento de recepción no debe verse como una simple tarea operativa, sino como un pilar esencial del sistema de calidad de cualquier organización que maneje productos físicos. Su correcta aplicación contribuye de forma directa a:

Ejercicios de autoevaluación
Unidad de Aprendizaje 1

1. En la revisión del número de orden de compra...

    a. ... se compara lo especificado en los documentos con lo que realmente se ha entregado.

    b. ... se asegura que los precios y condiciones pactadas sean respetadas.

    c. ... se firma el acuse de recibo y se registra el ingreso de la mercancía.

    d. ... se valida que el número en la factura y en la guía coincida con la OC registrada en el sistema.

2. Es fundamental para comprobar que el número indicado en el envase o etiqueta coincide con el documento de entrega:

    a. Referencia

    b. Lote

    c. Otra especificación

    d. Cantidad

3. Ocurre cuando la mercancía descargada en el muelle de entrada no se encuentra acompañada de la documentación correspondiente, como el albarán o la carta de porte:

    a. Documentación errónea

    b. Error en el etiquetado

    c. Falta de documentación

    d. Cantidad o calidad incorrecta

4. Esta fase se centra en revisar y comprobar el estado exterior de la mercancía:

    a. Inspección cuantitativa

    b. Inspección física

    c. Toma de muestras

    d. Recepción

5. El SGA...

    a. ... es un ordenador que diseña las estructuras del almacén.

    b. ... es un *software* empleado por las empresas logísticas para gestionar todos los procesos y actividades ejecutadas, desde la recepción hasta la expedición de las mercancías.

    c. ... es un programa para intercambiar información comercial entre empresas.

    d. ... se enfoca en establecer los parámetros de calidad.

6. Determina si la siguiente oración es verdadera o falsa: "El proceso de inspección física y cuantitativa hace referencia a la verificación de los productos recibidos con base en el cumplimiento de las especificaciones esperadas y pactadas con los proveedores".

    ■ Verdadero
    ■ Falso

7. Un error en la documentación puede distorsionar las existencias reales afectando a...

    a. ... la contabilidad y finanzas.

    b. ... la trazabilidad.

    c. ... la satisfacción del cliente interno.

    d. ... la gestión de inventarios.

8. ¿Cuál de las siguientes no es considerada una buena práctica en la recepción de mercancías?

    a. Registros sistemáticos

    b. Inspecciones físicas

    c. Personal no cualificado

    d. Toma de muestras

9. Determina si la siguiente oración es verdadera o falsa: "En la extracción de muestras los operarios de recepción no deben apoyarse en herramientas que faciliten sus labores, como pueden ser pistolas de lectura, *displays* o sistemas de gestión".

    ■ Verdadero
    ■ Falso

10. Ordena adecuadamente los pasos para la extracción de un producto:

    a. Comprobación - Apertura - Verificación - Pruebas específicas
    b. Verificación - Apertura - Comprobación - Pruebas específicas
    c. Apertura - Comprobación - Verificación - Pruebas específicas
    d. Apertura - Verificación - Comprobación - Pruebas específicas

Registro de mercancías y gestión de entradas

Contenido

1. Introducción
2. Sistemas utilizados (manual o digital)
3. Trazabilidad y codificación
4. Registro de no conformidades
5. Resumen

Objetivos

Los objetivos específicos de esta Unidad de Aprendizaje son:

→ Registrar mercancías mediante hojas de cálculo o ficha de almacén.

→ Identificar los conceptos clave relacionados con el registro y entrada de productos en un almacén.

→ Elaborar un informe con el resultado de la recepción.

1. Introducción

Cuando hablamos de registro de mercancías y gestión de entradas, estamos haciendo referencia a todos los procesos, actividades y tareas que tienen lugar desde que las mercancías son recepcionadas en el almacén hasta que pasan a formar parte del *stock* o inventario de este.

Por ello se trata de un proceso que contempla la verificación de la cantidad, la calidad y las condiciones de los productos, estableciendo un correcto sistema de registro y control para tener un flujo preciso de información. Un **registro eficiente** no solo ayuda a conocer en tiempo real el estado de las existencias, sino que también facilita la toma de decisiones, como la reposición o la distribución de los productos.

Para optimizar estos procesos, actualmente las empresas del sector logístico están optando por herramientas que faciliten esta compleja labor. En este sentido, nos estamos refiriendo a sistemas de gestión de inventarios, que automatizan y agilizan los procesos. El uso de tecnologías avanzadas, como códigos de barras, etiquetas de radiofrecuencia o RFID o sistemas automatizados, optimiza la exactitud de los registros, minimiza los errores humanos y mejora la eficiencia en toda la cadena de suministro.

Durante el desarrollo de este contenido, podremos observar las diferentes acciones que debe llevar a cabo Roberto para realizar un registro eficiente que no repercuta en el resto de procesos que componen la cadena de suministro.

2. Sistemas utilizados (manual o digital)

👉 **HILO CONDUCTOR**

A la hora de recepcionar las distintas mercancías que llegan al almacén, es preciso e imprescindible llevar un control y un registro para poder ejecutar las tareas y procesos posteriores. Por ello Roberto debe conocer el sistema llevado a cabo para cumplimentar y procesar la información correctamente a la hora de dar entrada a los productos enviados por los distintos proveedores.

Como ya hemos comentado anteriormente, la gestión de entradas de mercancías resulta una labor esencial a la hora de mantener unos niveles adecuados de inventario, con el fin de no incurrir en sobrecostes de almacenaje ni situaciones de rotura de *stock*. Así pues, se han ido desarrollando diferentes sistemas para controlar el flujo de productos desde su llegada al almacén hasta su almacenamiento final. Estos sistemas pueden ser **manuales** o **digitales,** dependiendo del tamaño de la empresa, los recursos disponibles y la complejidad de los procesos logísticos.

 DEFINICIÓN

Rotura de *stock*

Es el momento en el que no se dispone de productos suficientes para hacer frente a la demanda de los clientes.

Los registros manuales han sido el método más común empleado por las diferentes empresas hasta la aparición y el avance de las nuevas tecnologías. Se trata de diferentes métodos que a día de hoy son utilizados especialmente en pequeñas empresas, donde el volumen de mercancías no es elevado y la tarea de recepcionar no entraña una elevada complejidad. Con esto, este tipo de gestión, si bien es más susceptible de errores humanos y requiere mayor esfuerzo administrativo, puede ser eficiente si se lleva con orden, disciplina y formatos adecuados.

Así pues, el método más empleado en el registro de las mercancías son las conocidas "fichas de almacén", donde de manera impresa o escrita se lleva a cabo el control de cada uno de los productos o pedidos que son recepcionados de manera individual. De forma general, estas fichas suelen incluir los siguientes datos:

Nombre o código del artículo
- Cada movimiento de entrada debe estar referenciado con el nombre o descripción del producto que se registra y su correspondiente código asignado.

Continúa en página siguiente >>

<< Viene de página anterior

Unidad de medida
- Con el fin de lograr un control exhaustivo de todos los productos, debe incluirse la unidad de medida que especifique el volumen, medida o peso de la mercancía.

Tipo de operación
- Es imprescindible identificar el motivo del movimiento de los productos, pudiendo ser una entrada, una salida o bien una devolución a cliente o a proveedor.

Fechas
- Con el fin de garantizar un control exhaustivo sobre las entradas o salidas de mercancía, debe anotarse la fecha en la que se llevan a cabo las diferentes operaciones.

Saldo
- Desde un punto de vista contable, debe anotarse en los registros el valor económico de la mercancía que forma parte del inventario.

Valor unitario y total
- En relación con el punto anterior, debe especificarse el precio de cada producto y el valor que supone el total del pedido recibido.

 EJEMPLO

Fecha	Operación	Entrada			Salida			Existencia		
		Un.	€	Total	Un.	€	Total	Un.	€	Total
20/11	Compra	10 kg	2 €	20 €				10 kg	2 €	20 €
21/11	Venta				5	2 €	10 €	5 kg	2 €	10 €

En la siguiente ficha de almacén se registra la entrada de una compra de 10 kg y una salida de 5 kg junto con la valoración final de las existencias.

En complemento a las fichas físicas, muchas empresas han adoptado el uso de hojas de cálculo como una herramienta que ofrece más flexibilidad y organización. Programas como Microsoft Excel permiten replicar el formato de las fichas de almacén en forma digital, facilitando los cálculos automáticos y el análisis de datos mediante fórmulas, filtros o gráficos. Por ejemplo, al registrar una entrada de mercancía, la hoja de cálculo puede sumar automáticamente el saldo anterior y calcular el valor total del inventario. Asimismo, pueden incluirse validaciones para reducir errores de digitación y se pueden conservar múltiples hojas o pestañas para diferentes productos o categorías.

A continuación, puede observarse la digitalización de la ficha de almacén mediante una hoja de cálculo elaborada en *Microsoft Excel:*

	A	B	C	D	E	F	G	H	I	J	K
1	Fecha	Operación	Entradas			Salidas			Existencias		
2			Unidades	Precio	Total	Unidades	Precio	Total	Unidades	Precio	Total
3	20-nov	Compra	10Kg	2,00 €	20,00 €				10Kg	2 €	20 €
4	21-nov	Compra	15Kg	2,00 €	30,00 €				25Kg	2 €	50 €
5	22-nov	Venta				20Kg	2,00 €	40,00 €	5Kg	2 €	10 €

Aunque el uso de hojas de cálculo no alcanza el nivel de automatización de un sistema informatizado, representa una solución intermedia eficiente para quienes desean un mayor control sin depender de herramientas complejas o costosas. Combinando fichas físicas para el control inmediato en almacén y hojas de cálculo para consolidar la información y elaborar reportes, es posible establecer un sistema de registro manual ordenado, confiable y adaptable a las necesidades básicas de gestión de inventario.

Estas fichas de control están estrechamente relacionadas con la valoración del inventario en los almacenes; consisten en llevar un control económico de los productos del almacén asignándoles un valor monetario basado en su precio de adquisición. La elección del método de valoración influye directamente en los resultados contables, en especial en contextos donde los precios de adquisición varían con el tiempo. Los métodos más utilizados son:

PMP - Precio medio ponderado, consiste en calcular un costo promedio ponderado cada vez que se registra una entrada de mercancía, distribuyendo equitativamente el valor entre todas las unidades disponibles.

Continúa en página siguiente >>

<< Viene de página anterior

FIFO
- *First in, first out,* asume que los primeros productos en entrar al almacén son los primeros en salir, lo que resulta en una valorización de inventario basada en los costos más recientes.

LIFO
- *Last in, first out,* considera que los últimos productos en entrar son los primeros en salir, por lo que el inventario final se valora con los precios más antiguos.

IMPORTANTE

En España, el PGC o Plan General Contable prohíbe el uso del método LIFO en las empresas para la valoración de sus existencias.

En cuanto a los medios digitales empleados para la gestión de entradas, estos permiten automatizar procesos, reducir errores, centralizar la información y obtener visibilidad en tiempo real sobre el inventario disponible. Debido a su automatización, ofrecen la posibilidad de gestionar de manera eficaz altos volúmenes de mercancías y trabajar en todo momento con datos reales y viables.

A nivel general y dependiendo de la capacidad de la empresa y de la disponibilidad de recursos económicos, los almacenes suelen emplear dos tipos de programas para gestionar de forma automática las entradas de mercancías:

ERP
- *Enterprise resource planning* o planificación de recursos empresariales, integra todos los procesos logísticos, contables y administrativos en una sola plataforma, lo que permite que las entradas de mercancías queden registradas automáticamente cuando se recibe un pedido de compra. Los datos se almacenan en una base centralizada y pueden ser consultados por diferentes departamentos, lo que mejora la coordinación y la trazabilidad.

Continúa en página siguiente >>

<< Viene de página anterior

SGA	- Sistema de Gestión de almacenes, diseñados específicamente para controlar los movimientos dentro del almacén, desde la recepción hasta la expedición. Al recibir mercancías, el SGA permite escanear códigos de barras para registrar automáticamente cada artículo, verificar cantidades y condiciones, asignar ubicaciones de almacenamiento, y generar alertas en caso de discrepancias. Esta automatización agiliza el proceso y reduce considerablemente los errores de registro.

PARA SABER MÁS

Mecalux es una de las empresas más importantes a la hora de proporcionar soluciones logísticas. En el siguiente enlace podrás visualizar el funcionamiento del SGA desarrollado por Mecalux denominado WMS:

https://redirectoronline.com/3070010201

Una de las ventajas que aporta la digitalización de la recepción de productos es la posibilidad de elaborar un informe donde se recoja el resultado de dicha tarea. La finalidad de este documento es plasmar el resultado de la recepción indicando el cumplimiento o no por parte del proveedor que envía los productos. Este documento suele incluir los siguientes aspectos:

Número de orden de compra
- Es un código único asignado a cada solicitud de compra emitida por la empresa a un proveedor. Este número permite identificar, rastrear y relacionar la recepción de productos con el pedido original, facilitando el control administrativo, la verificación de cantidades y la conciliación de facturas.

Continúa en página siguiente >>

<< Viene de página anterior

Proveedor
- Es la empresa que suministra los productos o servicios solicitados en la orden de compra.

Fecha y hora de recepción
- Corresponde al momento exacto en que las mercancías son físicamente entregadas en el almacén o punto de recepción.

Listado detallado de productos
- Consiste en un inventario detallado de todos los productos incluidos en la entrega.

Observaciones
- Son anotaciones que describen las condiciones en las que se recibe la mercancía, como si los empaques están dañados, los productos presentan defectos visibles o si hay signos de humedad, roturas, etc.

Firma
- Es la validación electrónica del trabajador o encargado que recibió la mercancía, quien certifica que la información registrada es correcta.

Este informe puede elaborarse automáticamente al finalizar el proceso de entrada en un sistema ERP o SGA, utilizando los datos registrados durante la recepción. También puede generarse desde una hoja de cálculo con plantillas prediseñadas. En ambos casos, el informe puede guardarse como PDF, enviarse por correo electrónico a los departamentos involucrados (compras, almacén, contabilidad) y archivarse digitalmente para futuras auditorías o reclamos.

 ## ACTIVIDAD COMPLEMENTARIA

2. Realiza un análisis de las ventajas y desventajas, beneficios o inconvenientes de la implantación de sistemas informáticos en los almacenes. ¿Resulta rentable en todos los casos?

TAREA 2

Una pequeña empresa se dedica a la compra y venta del mismo tipo de producto. Debido al bajo volumen de sus mercancías, ha decidido gestionar el control de estas mediante fichas de almacén. A partir de la información que se presente, completa la ficha de almacén correctamente:

a. El día 1 de febrero había en el almacén 15 kg de manzanas a 0,50 € el kilogramo.
b. El día 2 de febrero se compran 30 kg a 0,50 € el kilogramo.
c. El día 3 de febrero se venden 12 kg.
d. El día 4 de febrero nos devuelven 6 kg de la venta realizada el día anterior.

TAREA 3

La responsable de recepción, Andrea, ha recibido un pedido de Comercial Distribuidora S. A. el 23/09 a las 10:45 en su almacén central de Lugo con el siguiente contenido:

a. 50 unidades del producto PRD-001 papel tamaño carta 75 g.
b. 30 unidades del producto PRD-045 Toner HP.
c. 100 unidades del producto PRD-067 sello de seguridad, el cual viene marcado como frágil.
d. El producto PRD-001 llegó completo y en buen estado.
e. Del producto PRD-045 llegaron 28 unidades, con 2 bultos dañados (film perforado).
f. El producto PRD-067 llegó completo, pero la etiqueta de lote no coincide (figura L0930 en lugar de L0931).

En este caso, ¿cómo sería el informe de la recepción? Elabóralo.

3. Trazabilidad y codificación

☞ HILO CONDUCTOR

Tan importante es el registro de la mercancía como su posterior codificación, ya que resulta un elemento básico para conocer la trazabilidad de los pedidos y conocer su localización y estado en todo momento.

Es por este motivo que Roberto debe conocer e identificar las diferentes etiquetas que acompañan a la mercancía con el objetivo fundamental de manipularlos correctamente.

Cuando hablamos de trazabilidad estamos haciendo referencia al sistema por el cual las empresas pueden hacer el seguimiento de productos y pedidos a lo largo de todas las etapas de la cadena de suministro. De esta manera podemos recabar información como la identificación de distintos lotes, fechas de fabricación, donde están almacenados, y qué recursos, tanto materiales como humanos, han intervenido en cada uno de los procesos relacionados con el o los productos.

El mayor beneficio de la trazabilidad para las empresas es garantizar en todo momento la seguridad, calidad y eficiencia de sus productos, especialmente en casos imprescindibles como es la alimentación o el sector farmacéutico. Por ello podemos resumir las ventajas de la trazabilidad en los siguientes puntos:

- **Identificar el origen de un problema.** Gracias a la trazabilidad, se puede determinar el lote, proveedor, fecha y lugar donde se originó el problema, lo que permite actuar de forma ágil y precisa para evitar su propagación o repetición.
- **Retirar productos del mercado en caso de anomalías.** La trazabilidad permite localizar y retirar del canal de distribución o de los puntos de venta aquellos productos que representan un riesgo para la salud, la seguridad o el funcionamiento técnico, ya sea por defectos de fabricación, contaminación o incumplimiento de normativas.
- **Cumplimiento de normativa y estándares internacionales.** La trazabilidad asegura que los procesos de producción, almacenamiento y distribución de productos están alineados con las leyes locales y requisitos internacionales.
- **Mejora la transparencia.** El cliente puede obtener información de confianza sobre diferentes aspectos del producto que consume.

⇒ **Optimiza la logística inversa.** La trazabilidad facilita la gestión de productos que regresan al punto de origen por motivos como fallas, garantías, reciclaje o insatisfacción del cliente.

 SABÍAS QUE...

La cadena de suministro engloba todos los procesos y agentes existentes, desde la fabricación de un producto hasta su adquisición por el cliente final.

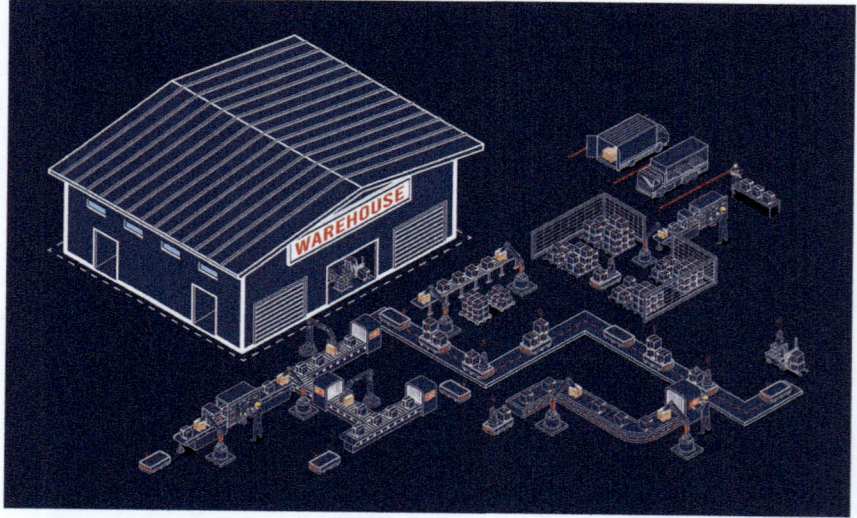

La trazabilidad permite acceder a información en cada uno de los procesos llevados a cabo en el almacén.

En cuanto a la codificación de los productos o mercancías, consiste en la asignación de un código único que identifique el tipo de producto mediante el uso de códigos de barras, QR, etiquetas de radiofrecuencia o números de lote. Mediante la codificación, las empresas que dispongan de un sistema ERP o SGA pueden automatizar procesos tales como la entrada, la expedición, el almacenaje o la preparación de sus pedidos.

En este sentido, la codificación suele llevarse a cabo de tres maneras en función del tipo de producto:

La trazabilidad y codificación están estrechamente ligadas al uso de etiquetas, embalajes y medios de transporte, ya que estos elementos influyen en la forma en que los productos son identificados, manipulados, almacenados y entregados.

En lo referente a las etiquetas, estas deben contener información codificada y visible sobre el producto: nombre, código, fecha de caducidad, condiciones de manipulación, peso, origen y destino. En función del tipo de codificación, estas etiquetas irán directamente en el producto que identifican, en el lote o en el palé correspondiente.

Por esto, las etiquetas deben cumplir con ciertos estándares de legibilidad, resistencia y compatibilidad con sistemas de escaneo. Además, el diseño de la etiqueta puede variar según la tipología del producto:

Productos perecederos	Información sobre fecha de caducidad, lote y temperatura de conservación.
Productos químicos o peligrosos	Etiquetas con pictogramas de seguridad.
Ropa y calzado	Información relativa a tallas, colores, país de fabricación, composición.

Por otra parte, los embalajes también juegan un papel esencial en la logística debido a que representan la protección física de los productos. Su elección debe considerar la **naturaleza del producto**, su **fragilidad**, su **peso**, las **condiciones ambientales** del transporte y el **tipo de manipulación** a la que estará expuesto. Además, los embalajes deben facilitar el escaneo de etiquetas y permitir el apilamiento seguro. En términos logísticos, pueden diferenciarse tres tipos de embalajes:

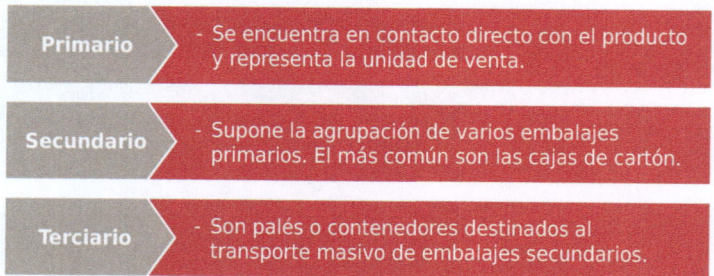

Primario	- Se encuentra en contacto directo con el producto y representa la unidad de venta.
Secundario	- Supone la agrupación de varios embalajes primarios. El más común son las cajas de cartón.
Terciario	- Son palés o contenedores destinados al transporte masivo de embalajes secundarios.

👁 EJEMPLO

Los embalajes bien diseñados deben adaptarse a las exigencias del transporte y destino. Por ejemplo, un producto frágil que se transporta por avión requerirá un embalaje reforzado y con señalética visible.

- -

Por último, los medios de transporte condicionan la forma en que se debe codificar, embalar y etiquetar la mercancía. No es lo mismo enviar un producto a nivel local en camión que exportarlo en contenedor hacia otro continente. Cada tipo de transporte implica distintos tiempos, temperaturas, regulaciones y niveles de riesgo. En la siguiente tabla pueden observarse algunos ejemplos de las relaciones con la tipología de producto y destino:

Tipo de producto	Embalaje recomendado	Etiquetado especial	Transporte recomendado
Alimentos refrigerados	Cajas isotérmicas	Etiquetas con temperatura y fecha	Transporte refrigerado (terrestre o aéreo)
Fármacos	Blíster y cajas con trazabilidad por lote	Etiqueta de lote y caducidad	Refrigerado o controlado
Textil	Cajas de cartón	Etiqueta con código, talla, color...	Terrestre o marítimo

En términos generales, podemos decir que implantar un sistema de codificación claro y un sistema de identificación informatizado, integrado con la correcta gestión de embalajes, etiquetas y medios de transporte, son los pilares básicos para lograr una trazabilidad eficaz. Esta sinergia permite que los productos lleguen a su destino en las condiciones requeridas, reduciendo pérdidas, mejorando la satisfacción del cliente y cumpliendo con regulaciones nacionales e internacionales.

El conocimiento de la tipología del producto y su destino final es clave para tomar decisiones logísticas acertadas, que garanticen no solo la eficiencia operativa, sino también la seguridad y calidad a lo largo de toda la cadena de suministro.

ACTIVIDAD 2

Como operario de la empresa Otto Logistics, especializada en productos refrigerados. Acaba de llegar un camión con productos perecederos destinados a varios supermercados regionales. Al descargar, observas lo siguiente:

- Las etiquetas de los productos indican "Mantener entre 0 °C y 4 °C".
- El embalaje es de cartón reforzado con recubrimiento aislante.
- Uno de los palés no tiene etiqueta visible y contiene productos con aspecto diferente al resto.
- Debes registrar la recepción de la mercancía en el sistema de gestión del almacén (*software* ERP).
- El conductor te entrega un albarán digital que debes comparar con los productos descargados.

¿Qué tipo acción debe llevarse a cabo para registrar esta mercancía?

4. Registro de no conformidades

HILO CONDUCTOR

En el día a día del trabajo en el almacén, es inevitable que se produzcan errores a la hora de recepcionar la mercancía que es enviada por los proveedores. Por

Continúa en página siguiente >>

<< Viene de página anterior

ello es necesario que Roberto sepa gestionar el registro de estas anomalías y su posterior seguimiento a nivel operativo y de información para modificar los documentos correspondientes.

Cuando hablamos de no conformidades en un almacén, estas pueden ir desde productos dañados, cantidades incorrectas, errores en el registro, hasta condiciones incorrectas de conservación.

A nivel operativo, es preciso que a la hora de encontrarse ante una de estas situaciones, se documente de forma adecuada en el formulario correspondiente, ya sea manualmente o mediante el programa implantado en el almacén. Se trata de una recogida de información lo más detallada posible donde se recojan datos como la fecha de detección, la descripción del problema, el número de lote o código del producto, la ubicación, el nombre del responsable que detectó el problema y, en lo posible, evidencia fotográfica.

La finalidad del registro es poder llevar a cabo un seguimiento de los errores y detectar aquellos que aparecen con mayor frecuencia para llevar a cabo las medidas correctivas o preventivas pertinentes, así como renegociar con proveedores cuando se identifican patrones de incumplimiento.

Una vez registrada, la no conformidad debe pasar a una **evaluación** por parte del supervisor o encargado del área, quien decidirá las acciones que tomar: rechazo del producto, devolución al proveedor, reproceso interno, reubicación o destrucción. Asimismo, es fundamental que se emita un **informe de cierre,** que documente la solución implementada y prevenga la repetición del problema.

Todo este proceso debe estar alineado con el sistema de gestión de calidad de la empresa y preferiblemente integrado en programas informáticos (ERP, SGA) para facilitar el control, análisis y trazabilidad de la información.

En conclusión, el registro y gestión de no conformidades en el almacén no solo ayuda a mantener el orden y la eficiencia, sino que también es un pilar fundamental para asegurar la calidad del servicio, la satisfacción del cliente y el cumplimiento normativo.

SABÍAS QUE...

La ISO 9001 es una norma internacional emitida por la Organización Internacional de Normalización (ISO) que establece los requisitos para implementar y mantener un sistema de gestión de la calidad (SGC) en una organización.

- -

5. Resumen

El registro de mercancías y la gestión de entradas son procesos fundamentales dentro de la logística de almacenes, ya que garantizan el control adecuado de todo lo que ingresa a la organización. Estos procedimientos permiten verificar que los productos recibidos coincidan con lo solicitado en las órdenes de compra, tanto en cantidad como en calidad, y aseguran que los datos sean registrados correctamente en los sistemas administrativos y logísticos.

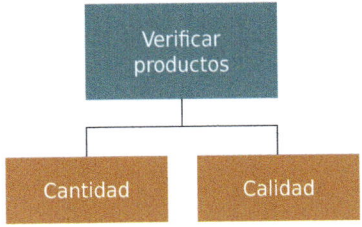

Para llevar a cabo ambos procesos existen tanto métodos manuales, como fichas de almacén y hojas de cálculo, como digitales, que utilizan sistemas ERP o SGA para automatizar el proceso, mejorar la trazabilidad y reducir errores. Además, una buena gestión de entradas incluye la codificación y ubicación inmediata de la mercancía en el almacén, asegurando su correcta identificación y almacenamiento, así como detectar y gestionar no conformidades como faltantes, sobrantes o productos dañados, lo que facilita el seguimiento con proveedores y la mejora continua.

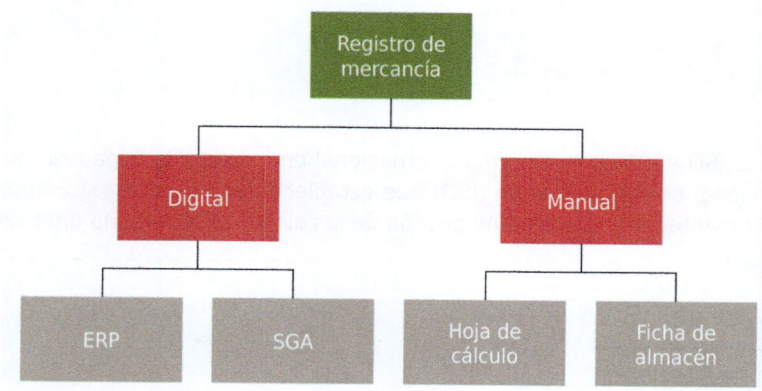

Ejercicios de autoevaluación
Unidad de Aprendizaje 2

1. Se trata del valor económico de la mercancía que forma parte del inventario:

    a. Unidad de medida
    b. Tipo de operación
    c. Código
    d. Saldo

2. El precio medio ponderado...

    a. ... asume que los primeros productos en entrar al almacén son los primeros en salir, lo que resulta en una valorización de inventario basada en los costos más recientes.
    b. ... consiste en calcular un costo promedio ponderado cada vez que se registra una entrada de mercancía, distribuyendo equitativamente el valor entre todas las unidades disponibles.
    c. ... considera que los últimos productos en entrar son los primeros en salir, por lo que el inventario final se valora con los precios más antiguos.
    d. ... registra los movimientos a la entrada más alta desde un punto de vista económico.

3. Programa diseñado específicamente para controlar los movimientos dentro del almacén, desde la recepción hasta la expedición:

    a. ERP
    b. CRM
    c. SGA
    d. SGC

4. Es la validación electrónica del trabajador o encargado que recibió la mercancía:

    a. Número de orden
    b. Proveedor
    c. Observaciones
    d. Firma

5. El embalaje primario...

    a. ... supone la agrupación de varios embalajes primarios y el más común son las cajas de cartón.

    b. ... está constituido por palés o contenedores destinados al transporte masivo de embalajes secundarios.

    c. ... se refiere a los envases de pruebas empleados antes de la fabricación final.

    d. ... se encuentra en contacto directo con el producto y representa la unidad de venta.

6. Determina si la siguiente oración es verdadera o falsa: "El ERP no integra todos los procesos logísticos, contables y administrativos en una sola plataforma".

- Verdadero
- Falso

7. La codificación unitaria...

    a. ... es llevada a cabo en productos perecederos o de alto valor económico.

    b. ... se lleva a cabo cuando se realiza una producción continua del mismo tipo de producto.

    c. ... es muy empleada para logística a gran escala o transporte internacional.

    d. ... es empleada en el transporte aéreo exclusivamente.

8. La rotura de *stock* sucede...

    a. ... cuando no existe *stock* suficiente.

    b. ... cuando existen pedidos urgentes.

    c. ... cuando existen pedidos no programados.

    d. ... cuando el *stock* se nivela con la demanda.

9. Determina si la siguiente oración es verdadera o falsa: "Los datos recogidos por el ERP pueden ser consultados desde diferentes departamentos en diferentes localizaciones".

- Verdadero
- Falso

10. Ordena adecuadamente las fases del registro de no conformidades:

    a. Documentar - Seguimiento - Evaluación
    b. Seguimiento - Evaluación - Documentar
    c. Documentar - Evaluación - Seguimiento
    d. Seguimiento - Documentar - Evaluación

Procedimientos de control de descargas y manipulación segura

Contenido

1. Introducción
2. Procedimientos de descarga
3. Medidas de seguridad y prevención
4. Resumen

Contenido

Los objetivos específicos de esta Unidad de Aprendizaje son:

→ Aplicar procedimientos estandarizados para el control de descargas de materiales.

→ Capacitar al personal en técnicas de manipulación segura durante las operaciones de descarga.

1. Introducción

En todo almacén, las operaciones relacionadas con la descarga y manipulación de mercancías tienen una vital importancia, ya que es el inicio de lo que se conoce como cadena logística. Por ello se trata de acciones que deben ser ejecutadas mediante los procedimientos adecuados y así evitar que se generen riesgos significativos para la seguridad del personal, dañar los equipos o el medio ambiente o comprometer la integridad de los productos descargados. Por esta razón, es fundamental establecer e implementar procedimientos de control que aseguren una manipulación segura, eficiente y conforme a la normativa vigente.

Hasta ahora hemos relacionado la descarga y recepción de mercancías con la verificación e inspección de estas. No obstante, es importante llevar a cabo una planificación sobre las operaciones que deben ejecutarse en función del tipo de producto, las condiciones del entorno y la disponibilidad de los equipos adecuados.

En este sentido, estamos haciendo referencia al uso correcto de herramientas de descarga, coordinación del personal involucrado en las mencionadas operaciones y la implantación y aplicación de medidas preventivas para evitar diferentes riesgos, como pueden ser derrames, caídas de carga o exposición a sustancias peligrosas.

En cuanto a la manipulación segura de las diferentes mercancías, es necesario conocer e identificar las diferentes prácticas existentes cuya finalidad es la protección de los trabajadores involucrados y su entorno de trabajo. Entre ellas se destacan el uso obligatorio de equipos de protección personal (EPP), el conocimiento de los procedimientos en caso de emergencia, la correcta señalización del área de trabajo y la capacitación continua del personal en temas de seguridad operacional.

Por todo esto, Roberto, como trabajador de un almacén en la zona de recepción, tiene que estar formado e informado sobre cómo actuar con base en la recepción de diferentes tipos de productos con el fin de garantizar una eficiente descarga minimizando al máximo posible todos los riesgos.

2. Procedimientos de descarga

 **HILO CONDUCTOR**

Debido a la gran cantidad de productos y las diferentes características intrínsecas de todos ellos, Roberto debe tener conocimiento de las mercancías que recibe en su almacén para poder llevar a cabo procedimientos de descarga adecuados y seguros.

A la hora de hacer referencia a los procedimientos de descarga en un almacén, hablamos de un proceso complejo que va desde la recepción física de los productos hasta el traslado de estos con las herramientas adecuadas al área de almacenamiento y su posterior preparación para poder ser distribuidos a los clientes finales.

Los procedimientos de descarga deben estar estandarizados, claramente definidos y adaptados al tipo de mercancía, el volumen, el embalaje y los recursos disponibles (humanos y técnicos). El cumplimiento de estos procedimientos permite mantener la trazabilidad de los productos, minimizar errores y preservar las condiciones físicas de los bienes almacenados.

NOTA

La cadena logística abarca todos los procesos ejecutados en el almacén que, pueden resumirse, en aprovisionamiento, fabricación, almacenamiento, distribución y logística inversa.

La primera de las tareas que se debe llevar a cabo es la denominada "recepción y preparación para la descarga". Por ello el proceso debe iniciarse con la verificación de la documentación que acompaña al transporte, denominada "carta de porte", validando que la mercancía recibida coincide con lo solicitado. Además, se debe verificar el estado del vehículo y de la mercancía transportada, señalando cualquier daño evidente o signo de manipulación indebida.

Por otra parte, el área de descarga debe estar despejada, correctamente señalizada y con el personal protegido mediante el uso de equipos de protección individual (EPI), como guantes, calzado de seguridad, casco y chaleco reflectante, entre otros.

Por lo tanto, podemos resumir esta primera fase de la descarga en los siguientes puntos:

Verificación documental
- Revisar la guía de remisión, la factura, la lista de empaque y el manifiesto de carga, entre otros.

Identificación del tipo de mercancía
- Conocer si se trata de carga frágil, perecedera, peligrosa o especial.

Planificación de la descarga
- Coordinar horarios, asignación de personal, equipos y espacio físico.

Inspección del vehículo
- Comprobar que el camión, contenedor o furgón esté en condiciones adecuadas para la descarga.

Zonificación del área
- Señalizar y delimitar el área de trabajo para evitar interferencias con otras operaciones.

La planificación de la descarga irá en función del número de muelles disponible.

Una vez preparada la descarga, esta debe ser ejecutada con los medios adecuados para garantizar el éxito y la seguridad de los trabajadores y de la propia mercancía. La descarga puede realizarse de forma manual o con el apoyo de herramientas y equipos mecánicos, como transpaletas, carretillas, grúas o cintas transportadoras. La elección del método depende del tipo de carga, su peso, tamaño, fragilidad y cantidad. Así pues, podemos distinguir:

Manual	- Requiere una manipulación directa por parte del personal. Es adecuada para cargas ligeras o de manejo sencillo. Deben aplicarse técnicas ergonómicas para evitar lesiones, como doblar las rodillas al levantar objetos, no girar el tronco mientras se carga peso y trabajar en equipos si la carga es voluminosa.
Automática	- Involucra el uso de herramientas que permiten mover cargas pesadas con mayor rapidez y seguridad. El personal debe estar capacitado en el uso de estos equipos, que deben pasar revisiones periódicas de mantenimiento para garantizar su correcto funcionamiento.

La siguiente fase es la desconsolidación de la carga, que consiste en la recepción de un pedido de gran volumen para su posterior desagrupación, de manera que cada envío se despache de manera individual bajo su respectivo documento de transporte.

Durante la desconsolidación se deben identificar y clasificar los productos de acuerdo con sus etiquetas, códigos o documentación asociada. Es esencial llevar un registro preciso de lo desconsolidado para mantener la trazabilidad y evitar errores en el inventario.

Los equipos utilizados en la desconsolidación dependen del tipo de mercancías que se estén manipulando, la cantidad y el lugar donde se esté realizando la operación. A continuación, se enumeran algunos ejemplos de equipos comunes que se utilizan en el proceso de desconsolidación de mercancía:

● **Carretillas elevadoras**

● **Apiladores**

● **Cintas transportadoras**

⊃ Traspaleta

Una vez descargada e identificada la mercancía, se procede al último de los pasos llevados a cabo en el procedimiento de descarga, que es el desembalaje, basado en retirar el empaquetado de los productos entregados en un almacén, tienda o lugar de destino. Este proceso es una parte clave de la logística de recepción, ya que garantiza que los productos estén en buen estado y se puedan utilizar o vender.

El desembalaje de mercancías se puede realizar de diferentes maneras según el tipo de producto y la cantidad de artículos que se entregan. Algunos productos pueden requerir la eliminación de varias capas de embalaje y protección, mientras que otros pueden venir en cajas más pequeñas y solo requerir la eliminación de una o dos capas de embalaje.

Este proceso suele implicar la utilización de herramientas como cuchillos, tijeras y cortadoras para retirar el embalaje y la protección de los productos, los cuales deben ser manejados con cuidado durante el proceso para evitar daños.

Una vez que se han retirado todas las capas de embalaje, los productos se pueden inspeccionar para asegurarse de que estén en buen estado. Si están dañados, se debe informar de inmediato al proveedor o transportista para tomar las medidas necesarias.

Por lo tanto, la correcta ejecución de los procedimientos de descarga, desconsolidación y desembalaje en almacén es clave para asegurar una operación fluida, segura y organizada. La estandarización de estos procesos no solo previene accidentes y errores, sino que también optimiza el tiempo de respuesta y mejora la eficiencia operativa general del almacén.

SABÍAS QUE...

El desembalaje de mercancías puede ser un proceso que consume mucho tiempo y trabajo, especialmente si se reciben grandes cantidades de productos. Por lo tanto, es importante planificar con anticipación y asegurarse de que haya suficiente personal disponible para manejar el proceso de desembalaje de manera eficiente y segura. Además, los residuos de embalaje se deben desechar de manera adecuada para minimizar el impacto ambiental.

- -

ACTIVIDAD 3

Dentro del área de recepción son llevados a cabo diferentes procesos antes de que los productos sean almacenados en su área correspondiente. En este caso concreto, Saray se encuentra recepcionando diferentes pedidos y los está separando para poder agruparlos por tipo de producto en función de las etiquetas asignadas. ¿Qué proceso dentro de la descarga está ejecutando Saray?

- -

3. Medidas de seguridad y prevención

☞ HILO CONDUCTOR

Debido a los numerosos riesgos existentes a la hora de proceder a la descarga de mercancías y su posterior manipulación, es muy importante que Roberto conozca los diferentes tipos de productos que recibe y su tratamiento específico con el fin de minimizar al máximo cualquier tipo de riesgo que pueda dañar su salud. Ante eso, es preciso recibir formación e información acerca de los peligros existentes y las correspondientes medidas preventivas.

- -

Como ya hemos mencionado anteriormente, descargar y manipular la mercancía supone un paso de vital importancia dentro de la cadena logística, por ello es preciso que ambos procesos se ejecuten de manera correcta para así garantizar la integridad de los productos transportados y del personal involucrado en ambas tareas. Es importante conocer que descargar mercancías lleva asociado diferentes riesgos en función de los distintos tipos de producto, las herramientas empleadas y las condiciones del área de trabajo. Por lo tanto, es fundamental implementar medidas de seguridad y prevención específicas que respondan a las características particulares de cada situación.

Así pues, uno de los aspectos importantes para planificar una descarga y manipulación segura de los productos es identificar los tipos de carga, ya que cada clase de mercancía tiene requerimientos especiales que deben ser considerados:

⊃ **Mercancías generales.** Son aquellos productos que pueden ser manipulados de forma manual o mecánica, como son cajas, sacos y bolsas, entre otros.
⊃ **Cargas pesadas.** Estas mercancías requieren del uso de montacargas o grúas debido a su volumen o dimensión, ya que no pueden ser manipulados con medios comunes.
⊃ **Cargas frágiles.** Tales como vidrio, cerámica, dispositivos electrónicos, etc. Necesitan un embalaje especial, señalización clara y técnicas de manipulación cuidadosas para evitar daños.
⊃ **Productos perecederos.** Frutas, verduras, productos cárnicos o farmacéuticos requieren condiciones especiales de temperatura, humedad y tiempo limitado de manipulación.
⊃ **Mercancías peligrosas.** Sustancias inflamables, corrosivas, tóxicas o explosivas. Estas requieren cumplimiento estricto de normativas internacionales y formación específica para el personal involucrado.

Esta diversidad en los tipos de carga hace imprescindible la implementación de protocolos diferenciados de seguridad y prevención para cada caso.

Es por ello que las empresas tienen la obligación de implementar una serie de medidas preventivas aplicadas tanto en aspectos técnicos como organizativos. En este sentido podemos diferenciar las siguientes medidas:

⊃ Medidas generales de seguridad:

   ᴗ **Capacitación.** Todo el personal involucrado debe estar debidamente capacitado en procedimientos de descarga y uso de equipos.
   ᴗ **EPI.** Todos los denominados "equipos de protección individual", como son el casco de seguridad, chaleco reflectante, guantes de protección o faja lumbar, entre otros.
   ᴗ **Inspección del área.** Es preciso verificar que la zona de descarga esté libre de obstáculos, derrames, objetos punzantes o superficies resbaladizas.

◔ **Señalización.** Se trata de cualquier tipo de aviso que previene al trabajador de un peligro, ya sea en un pictograma, o a través de una señal visual o auditiva.

Las señales redondas de color azul avisan de la obligación del uso de equipos por parte de los trabajadores.

⊃ Medidas durante la descarga:

◔ **Estacionamiento seguro.** El camión debe estar completamente detenido, con freno de mano activado y calzas en las ruedas.
◔ **Apertura de puertas.** Este proceso debe realizarse con precaución, manteniéndose al costado para evitar accidentes por caída de mercancía mal estibada.
◔ **Uso de máquinas o herramientas.** Como traspaletas, montacargas, rampas o bandas transportadoras, manipulados solo por personal autorizado.
◔ **Manipulación segura.** La descarga debe ejecutarse evitando giros bruscos y cargando peso excesivo, doblando las rodillas en lugar de la espalda y trabajando en parejas cuando el peso lo requiera.

 PARA SABER MÁS

La prevención de riesgos laborales se encuentra legislada por la Ley 31/1995, del 8 de noviembre, donde se recogen tanto las obligaciones del empresario como los derechos y obligaciones de los trabajadores. Puedes visualizarla en el siguiente enlace:

Continúa en página siguiente >>

<< Viene de página anterior

https://redirectoronline.com/3070010301

En conclusión, debemos entender la seguridad y la prevención como aquellas medidas que suponen una disminución de los diferentes riesgos, pero también como una práctica que mejora la eficiencia operativa y reduce aquellos costes que pueden derivarse de accidentes o pérdidas de mercancía. En un contexto logístico cada vez más exigente, la seguridad no debe ser considerada un gasto, sino una inversión imprescindible.

 TAREA 4

El área de recepción de un almacén se dispone a recepcionar diferentes pedidos de numerosos proveedores. Debido que a la variedad de productos es cuantiosa, el primer paso es saber identificarlos para así poder manipularlos de la manera correcta. ¿Cómo deben tratarse cada uno de los productos presentados a continuación?

a. Paquetes de folios que vienen envasados en cajas de cartón.
b. Tutores de madera de 2 m de longitud.
c. Productos inflamables agrupados en palés.

 ACTIVIDAD COMPLEMENTARIA

3. Realiza un análisis sobre los riesgos existentes durante la descarga de la mercancía en un almacén. ¿Cuáles son los riesgos presentes en dicha operación?

4. Resumen

La descarga de mercancías inicia el proceso de la cadena logística en el interior del almacén, por lo que debe ser un proceso ejecutado bajo condiciones de seguridad y control. Por ello, el primero de los pasos debe ser revisar tanto la documentación que acompaña la mercancía como el vehículo que la transporta.

A la hora de proceder a la descarga física de los productos, ya sea de manera manual o automática, deben tenerse presente en todo momento las diferentes medidas de seguridad, tantos las individuales, como son los cascos o las botas de seguridad, como las colectivas, como pueden ser la iluminación o la señalización en el interior del almacén.

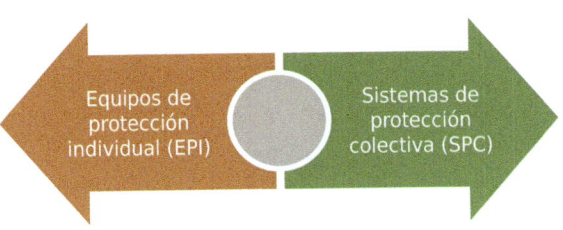

Una vez finalizada la descarga, se debe llevar a cabo el conteo y verificación del estado de los productos. Cualquier anomalía debe registrarse y reportarse de inmediato. Luego, la mercancía debe trasladarse a su ubicación de almacenamiento de forma organizada y segura. Cumplir con estos procedimientos garantiza una operación eficiente, protege al personal y conserva la integridad de los productos.

Ejercicios de autoevaluación
Unidad de Aprendizaje 3

1. **¿Cuál de las siguientes actividades no forman parte de la cadena logística?**

   a. Aprovisionamiento
   b. Ventas
   c. Almacenamiento
   d. Distribución

2. **Revisar la guía de remisión, la factura, la lista de empaque, el manifiesto de carga, entre otros, se denomina...**

   a. ... verificación documental.
   b. ... identificación del tipo de mercancía.
   c. ... planificación de la descarga.
   d. ... inspección del vehículo.

3. **¿Qué productos necesitan un embalaje especial, señalización clara y técnicas de manipulación cuidadosas para evitar daños?**

   a. Mercancías generales
   b. Cargas pesadas
   c. Cargas frágiles
   d. Mercancías peligrosas

4. **¿Cuál de los siguientes es un sistema de protección colectiva?**

   a. Guantes
   b. Arnés de seguridad
   c. Señalización
   d. Botas de seguridad

5. **Las sustancias inflamables, corrosivas, tóxicas o explosivas, que requieren cumplimiento estricto de normativas internacionales y formación específica para el personal involucrado, son...**

   a. ... mercancías generales.
   b. ... cargas pesadas.

c. ... cargas frágiles.
d. ... mercancías peligrosas.

6. **Determina si la siguiente oración es verdadera o falsa: "El tipo de descarga manual permite mover cargas pesadas con mayor rapidez y seguridad".**

   ■ Verdadero
   ■ Falso

7. **La ley que regula todo lo relacionado con la prevención de riesgos laborales es la...**

   a. ... Ley 31/1998, del 8 de noviembre.
   b. ... Ley 31/1997, del 8 de noviembre.
   c. ... Ley 31/1996, del 8 de noviembre.
   d. ... Ley 31/1995, del 8 de noviembre.

8. **Se basa en retirar el embalaje de los productos entregados en un almacén, tienda o lugar de destino:**

   a. Descarga
   b. Desconsolidación
   c. Desembalaje
   d. Manipulación

9. **Determina si la siguiente oración es verdadera o falsa: "La manipulación de productos considerados peligrosos requiere de la formación específica para su manipulación por parte de los trabajadores".**

   ■ Verdadero
   ■ Falso

10. **Ordena adecuadamente las fases en el procedimiento de descarga:**

    a. Descarga - Desembalaje - Desconsolidación
    b. Descarga - Desconsolidación - Desembalaje
    c. Desconsolidación - Desembalaje - Descarga
    d. Desconsolidación - Descarga - Desembalaje

Concepto y clasificación de las mercancías

Contenido

1. Introducción
2. Tipos de mercancías (peligrosas, perecederas, frágiles, etc.)
3. Requisitos específicos según clasificación
4. Resumen

Objetivos

Los objetivos específicos de esta Unidad de Aprendizaje son:

→ Reconocer los diferentes criterios de clasificación de mercancías.

→ Relacionar la clasificación de mercancías con los requisitos específicos de transporte, embalaje y almacenamiento, asegurando su correcta manipulación.

→ Señalar el sistema de almacenaje adecuado para cada uno de los casos que se presentan.

1. Introducción

En el contexto logístico, debemos entender las mercancías como todo producto físico que puede ser objeto de un intercambio comercial, puede ser almacenado, preparado, distribuido y transportado, es decir, se trata del protagonista central de cada una de las fases que componen la cadena logística.

Las mercancías pueden presentar diferentes características desde el punto de vista de la forma, el volumen, el estado, etc., por lo que la infraestructura del almacén debe estar diseñada y preparada para la manipulación y movimiento del tipo de producto que exista en su interior. Es por esto que resulta imprescindible conocer el concepto y la clasificación de las mercancías, ya que supondrá no solo una mejor organización dentro del almacén o durante el transporte, sino que también garantiza la seguridad de los trabajadores, el cumplimiento de las normativas legales y la eficiencia en los procesos logísticos.

Por ello, para un trabajador del almacén y, especialmente en la recepción, ya que supone el inicio de las actividades, es imprescindible conocer y dominar toda esta información y variedad de conceptos, dado que un error en la manipulación o tratamiento de los productos puede generar pérdidas económicas para la empresa, riesgos para la salud o el incumplimiento de normativas relacionadas con el transporte.

Por ejemplo, no podemos trabajar de la misma manera en el caso de recepcionar productos perecederos que productos químicos, ya que cada uno de ellos requiere de un tratamiento diferenciado, así como de un embalaje adecuado y unas condiciones de transporte específicas.

Por todo esto, es muy importante que Roberto conozca a la perfección cada uno de los productos que puede recibir en su día a día en el almacén, junto con las características individuales de cada uno de ellos. De esta manera, está poniendo la primera piedra para poder conseguir un proceso de descarga y recepción de mercancías seguro y eficiente.

2. Tipos de mercancías (peligrosas, perecederas, frágiles, etc.)

👉 HILO CONDUCTOR

Existen diferentes criterios bajo los que podemos clasificar las mercancías existentes en el contexto logístico. Conocer bien las características de los productos que manipulamos diariamente es lo que va a definir aspectos como la ejecución de la descarga de una manera u otra y los sistemas de almacenamiento empleados. Por ello Roberto debe estar formado e informado de los productos que puede recibir para así ejecutar sus labores de la mejor manera posible.

Una vez realizada la recepción, se procede a la clasificación de los diferentes productos. Este proceso se puede llevar a cabo con base en diferentes criterios, siempre seleccionando aquel que más se ajuste a la naturaleza de los productos que se van a manipular y distribuir posteriormente. En este sentido, la clasificación más común de los diferentes productos responde a los siguientes criterios:

⊃ **Según el peso:**

- Cargas ligeras: hasta 5 kg.
- Cargas medias: entre 5 y 25 kg.
- Pesadas: entre 25 kg y 1 t.
- Muy pesadas: más de 1 t.

⊃ **Según la fragilidad:**

- Resistentes: pueden soportar mucho peso y, dependiendo del embalaje, ser apiladas.
- Ligeras: soportan peso encima, pero con limitaciones.
- Frágiles: no soportan peso encima y deben ser manipuladas con especial cuidado.

La mercancía clasificada como frágil suele llevar este pictograma en su embalaje.

⟳ Según sus propiedades:

- ☽ Perecederas: mercancía con fecha de caducidad y donde el factor tiempo es fundamental debido a su conservación, como son las frutas, lácteos o carnes.
- ☽ Duraderas: el tiempo de almacenaje no es una variable primordial, ya que su ciclo de vida es largo y no preciso de una especial conservación, como pueden ser las conservas.
- ☽ Refrigeradas o congeladas: necesitan cadena de frío específica para su conservación y no perder frescura y calidad de cara al cliente final.

⟳ Según el volumen y presentación:

- ☽ A granel: se trata de mercancías que no van envasadas ni embaladas, como son los cereales, minerales, líquidos en cisternas, etc.
- ☽ Paletizadas: toda aquella mercancía que va depositada en un palé con el fin de facilitar su manipulación.
- ☽ Voluminosas: se asemejan a las paletizadas, pero sus dimensiones forman parte del producto.
- ☽ Dimensiones especiales: productos que necesitan ser manipulados con maquinaria especial.

El palé es el embalaje más empleado en los almacenes debido a su fácil almacenaje y manipulación.

⟳ Según su estado físico:

- ☽ Sólido: son productos presentados en estado sólido, como los alimentos secos, la ropa, herramientas o electrodomésticos.

Ʊ Líquido: estos productos se transportan en envases sellados o cisternas, como por ejemplo los aceites, las bebidas, productos químicos líquidos. Hay que prestar especial atención a si, por su composición química, pueden cambiar de estado físico.

Ʊ Gaseoso: productos que requieren envases o tanques a presión, como son los extintores o el butano.

⊃ **Según su peligrosidad:**

Ʊ Peligrosas: representan riesgos para la salud, el medio ambiente o la seguridad, como son los explosivos, inflamables, corrosivos o tóxicos, entre otros. Se clasifican según normativas internacionales como el ADR.

Ʊ No peligrosas: no presentan riesgos especiales y no requieren condiciones particulares de manejo.

Existe una clasificación de los considerados "productos peligrosos" dependiendo de los riesgos asociados y sus requisitos para ser manipulados, almacenados o transportados, siendo estos:

1. Explosivos
2. Gases
3. Líquidos inflamables
4. Sólidos inflamables
5. Sustancias comburentes y peróxidos
6. Sustancias tóxicas e infecciosas
7. Material radiactivo
8. Sustancias corrosivas
9. Misceláneas (riesgo ambiental, etc.)

 IMPORTANTE

El transporte de las mercancías peligrosas se encuentra legislado por una serie de reglas y requisitos en función del medio empleado para su transporte:

- Carretera → ADR, Acuerdo Europeo sobre Transporte Internacional de Mercancías Peligrosas por Carretera.
- Ferrocarril → RID, Reglamento para el Transporte Internacional de Mercancías Peligrosas por Ferrocarril.
- Marítimo → IMDG, International Maritime Dangerous Goods Code.
- Aéreo → IATA, Reglamento sobre Mercancías Peligrosas de IATA.

ACTIVIDAD COMPLEMENTARIA

4. Realiza un análisis sobre las condiciones específicas de transporte y manipulación que presentan los productos alimenticios. Busca en internet información sobre este tipo de mercancía y contesta: ¿qué requisitos especiales necesitan?

3. Requisitos específicos según clasificación

 HILO CONDUCTOR

Tan importante es conocer e identificar los tipos de productos existentes en el almacén como estar formado e informado de los medios y modos de manipulación que llevan asociados cada uno de ellos. Por este motivo, Roberto tiene la obligación de conocer las características de los productos que recepciona con el objetivo de garantizar que la calidad de estos no se vea afectada por una mala manipulación o conservación.

Como ya hemos visto en el apartado anterior, existe una amplia gama de productos clasificados según diferentes criterios. Contando con que cada tipo de producto presenta unas condiciones y características particulares, estas deben ser conocidas por los trabajadores para así poder asegurar su integridad y calidad durante todo el proceso logístico. Estas condiciones están orientadas a preservar la seguridad y la funcionalidad del producto, así como a asegurar su trazabilidad desde el punto de origen hasta el consumidor final.

Por otra parte, es necesario tener en cuenta que la composición de los productos es diferente para cada tipo de ellos y que su estado puede variar ante diversos factores, como son la temperatura, la humedad o el movimiento durante la ejecución de las distintas tareas logísticas. Por ello es fundamental adaptar los sistemas de almacenamiento, transporte y manipulación a sus características individuales, lo que va a permitir minimizar riesgos, evitar pérdidas económicas y cumplir con normativas específicas, contribuyendo así a una logística más eficiente, segura y sostenible.

Así pues, a continuación hacemos referencia a los principales tipos de productos y los requisitos específicos asociados a cada uno de ellos:

Productos perecederos:

- Cadena de frío: el transporte de este tipo de productos exige mantener una temperatura constante y controlada, ya sea de congelación, de refrigeración o a temperatura ambiente.
- Humedad y ventilación: algunos productos perecederos como las frutas o los vegetales, por ejemplo, deben ser conservados bajo condiciones específicas de humedad.
- Rotación: debido a su duración y para mantener su calidad y frescura, estos productos deben seguir el método FIFO, es decir, lo primero que entra debe ser lo primero en salir.
- Envases y embalajes: en estos casos deben emplearse contenedores isotérmicos, cajas plásticas o bandejas ventiladas que favorecen la conservación del producto.
- Seguimiento: para garantizar unas condiciones óptimas de conservación, suelen emplearse sensores de temperatura y humedad durante todas las operaciones logísticas.

Productos frágiles:

- Embalaje amortiguador: en estos casos deben emplearse embalajes cuyos materiales vayan desde la espuma, el poliestireno o el cartón, hasta el plástico de burbujas.
- Etiquetado de advertencia: es muy común que este tipo de mercancías vayan señalizadas con el pictograma correspondiente para advertir al personal.
- Limitación de apilamiento: debido a su composición, no deben colocarse productos pesados encima y deben ser ubicados minimizando el riesgo de caída.
- Transporte cuidado: deben cargarse y descargarse a mano o con equipos específicos, evitando impactos o vibraciones excesivas.
- Formación del personal: los operarios del almacén deben conocer las técnicas adecuadas de manipulación.

Productos voluminosos:

- Equipos adecuados: debido a las dimensiones de estos productos, deben emplearse herramientas como las carretillas elevadoras, los montacargas o los sistemas automatizados.
- Almacenamiento seguro: este tipo de mercancías pueden ser almacenadas en el suelo o en estanterías adaptadas a sus dimensiones o peso.

◖ Sujeción: es obligatorio asegurar las cargas durante el transporte para evitar desplazamientos peligrosos.
◖ Rutas amplias: es recomendable que tanto en el área de recepción como en el interior del almacén existan espacios amplios para el movimiento de estos productos.
◖ Prevención: la manipulación manual debe evitarse para prevenir lesiones o accidentes.

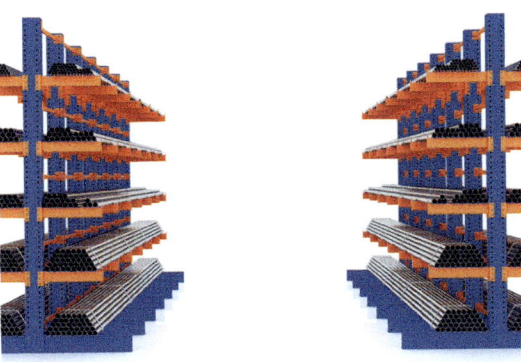

Las estanterías cantiléver son empleadas para el almacenamiento de las mercancías voluminosas.

⊃ **Productos líquidos y a granel:**

◖ Contenedores específicos: tanques, cisternas, bidones o envases con cierre hermético según el volumen.
◖ Prevención: para almacenar estos productos es preciso el uso de bandejas de retención, válvulas de seguridad o cubetos para evitar derrames.
◖ Controles: los productos líquidos son sensibles a condiciones de temperatura extrema, por lo que debe ser controlada, igual que la presión.
◖ Automatización: la automatización de los movimientos es eficiente para prevenir pérdidas de producto.
◖ Limpieza: fundamental en este tipo de productos para evitar la denominada contaminación cruzada.

La contaminación cruzada hace referencia al salto de contaminantes no intencionado de un producto a otro, lo que puede repercutir o comprometer su calidad.

 **VÍDEO**

Los almacenes tienen que estar preparados para conservar diferentes tipos de productos. En el siguiente video puedes observar cómo un almacén está diseñado para conservar productos a diferentes temperaturas:

https://redirectoronline.com/3070010401

En este sentido, debido al tratamiento específico que requieren los distintos tipos de productos, su almacenaje debe ser también el adecuado para así lograr un alto nivel de eficiencia. Entre los más comunes se encuentran el almacenamiento en estanterías, en bloque y a granel, cada uno diseñado para adaptarse a distintos tipos de mercancías, niveles de rotación y espacios disponibles. Elegir el sistema adecuado permite optimizar el uso del espacio, proteger los productos y facilitar las operaciones de entrada y salida:

- **Estanterías.** Se trata del sistema más empleado, ya que ofrece un mayor orden y accesibilidad a los productos. Las mercancías que aquí son almacenadas suelen ir paletizadas o en cajas, permitiendo una óptima rotación del producto y un mayor control del inventario.

El almacenaje en estantería es la mejor solución para organizar los productos y aprovechar el espacio vertical del almacén. (© Fotografía: Phunphitphat/Shutterstock)

[72]

➲ **Bloque.** Se trata de un sistema eficiente de almacenaje cuando los productos son homogéneos y de alta rotación. Se emplea en almacenes con grandes volúmenes de productos iguales que presentan inconvenientes de apilamiento vertical y de accesibilidad si no existe una buena organización.

El almacenaje en bloque exige que las mercancías sean iguales para ser un sistema eficiente.

➲ **Granel.** Se emplea para materiales **no envasados**, como granos, minerales, arena o líquidos. En este sistema, el producto se almacena directamente en el suelo, silos, tolvas, tanques o contenedores especiales. Es el método más adecuado para **materias primas sin forma definida** que se manipulan con maquinaria especializada. Este tipo de almacenamiento permite una gestión masiva del producto, pero requiere medidas específicas de seguridad, limpieza y control ambiental.

Las tolvas son empleadas para la manipulación y selección de mercancía a granel.

ACTIVIDAD 4

Una empresa dedicada a la comercialización de productos perecederos recibe un lote conformado por géneros de diferentes tipos, como son yogures, carne fresca y frutas. El responsable del almacén debe decidir dónde ubicarlas en función de las características de cada una de las mercancías. ¿En qué zona deben ser almacenados los productos recibidos?

TAREA 5

El almacén de la empresa Todoproducto S. L. se dedica al almacenaje de diferentes productos para su posterior distribución. Por ello, selecciona cuál es el sistema de almacenaje adecuado para cada uno de los siguientes productos:

a. Grandes cantidades de legumbres que se almacenan sueltas.
b. Productos de poca resistencia agrupados en palés que forman unidades de manipulación individuales.
c. Productos idénticos de gran resistencia.

4. Resumen

Las mercancías son todos aquellos bienes físicos que se trasladan, almacenan y comercializan dentro de un sistema logístico. Es fundamental que lleguen en unas condiciones óptimas al cliente final, por lo que deben ser gestionados correctamente desde un punto de vista logístico. Por esa razón, resulta vital conocer sus características y poner en marcha las prácticas más adecuadas para su manipulación y tratamiento.

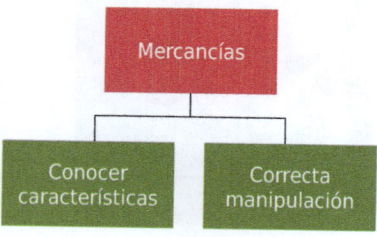

En este sentido, clasificar las mercancías en función de los diferentes criterios existentes ayudará a mejorar la gestión logística garantizando la conservación de los productos y los niveles de calidad. Por ello, el conocimiento y aplicación de los requisitos específicos según el tipo de mercancía es esencial para una gestión logística eficiente, lo que repercutirá en la disminución de costes, aumentando las posibilidades de lograr el objetivo vital de toda empresa: la satisfacción del cliente.

Además, todos los almacenes deben tener presentes factores como la rotación de sus productos y, por consiguiente, su distribución. Por ello es importante adaptar el sistema de almacenamiento y transporte a los diferentes tipos de mercancías presentes para así lograr un óptimo flujo logístico. En última instancia, comprender los requisitos específicos de cada mercancía no solo garantiza su conservación, sino que mejora el rendimiento general de la cadena de suministro.

Ejercicios de autoevaluación
Unidad de Aprendizaje 4

1. ¿Cómo se consideran las cargas comprendidas entre 25 kg y 1 t?

    a. Ligeras
    b. Medias
    c. Pesadas
    d. Muy pesadas

2. Mercancías que no van envasadas ni embaladas, como son los cereales, se denominan…

    a. … a granel.
    b. … paletizadas.
    c. … voluminosas.
    d. … de dimensiones especiales.

3. ¿En qué tipo de mercancía el factor tiempo se considera fundamental?

    a. Perecedera
    b. Duradera
    c. Refrigeradas
    d. A granel

4. ¿Qué tipo de producto es considerado un extintor?

    a. Sólido
    b. Líquido
    c. Gaseoso
    d. Metal especial

5. Las mercancías que llevan una identificación basada en un pictograma con el dibujo de dos copas son…

    a. … resistentes.
    b. … ligeras.
    c. … frágiles.
    d. … mercancías peligrosas.

6. Determina si la siguiente oración es verdadera o falsa: "ADR son las siglas de la normativa que regula el transporte de mercancías peligrosas por carretera".

- Verdadero
- Falso

7. El sistema empleado cuando se trata de carga homogénea y que precisa de una efectiva organización se denomina...

a. ... almacenaje en estanterías.
b. ... almacenaje a granel.
c. ... almacenaje por temperaturas.
d. ... almacenaje en bloque.

8. ¿Cuál es el sistema más empleado, ya que ofrece un mayor orden y accesibilidad a los productos?

a. Estanterías
b. Bloque
c. A granel
d. Automático

9. Determina si la siguiente oración es verdadera o falsa: "El almacenaje a granel es el método más adecuado para materias primas sin forma definida que se manipulan con maquinaria especializada".

- Verdadero
- Falso

10. Relaciona cada concepto con su definición:

a. Perecederas
b. Duraderas
c. Refrigeradas o congeladas
d. Dimensiones especiales

— Productos que necesitan ser manipulados con maquinaria especial.
— El tiempo de almacenaje no es una variable primordial, ya que su ciclo de vida es largo y no precisa de una especial conservación.
— Mercancía con fecha de caducidad y donde el factor tiempo es fundamental, debido a su conservación.
— Necesitan cadena de frío específica para su conservación y no perder frescura y calidad de cara al cliente final.

Los medios de transporte

Contenido

1. Introducción
2. Tipos de transporte utilizado
3. Resumen

Objetivos

Los objetivos específicos de esta Unidad de Aprendizaje son:

→ Clasificar los principales medios de transporte.

→ Conocer las máquinas empleadas en los almacenes para el transporte interno de mercancías.

→ Elegir el medio de transporte adecuado para realizar un envío determinado.

→ Emplear tiempo y esfuerzo en ampliar conocimientos e información complementaria acerca de los medios de transporte.

1. Introducción

El gran avance de las tecnologías que suponen que la gran mayoría de las transacciones comerciales sean de índole electrónica y la globalización cada vez más presente en los mercados son dos factores de peso que hacen que la distribución y, por consiguiente, los medios de transporte jueguen un papel crucial en lo que al contexto logístico se refiere.

Cada día existen un gran número de toneladas de productos que son trasladadas desde los almacenes hasta los clientes finales, sin contar proveedores, fabricantes u otros intermediarios, con el objetivo de satisfacer las necesidades de los clientes finales. Es por este motivo por el que deben existir sistemas de transporte bien organizados y que puedan conectar a todos los agentes presentes en la cadena de suministro.

Así pues, a la hora de referirnos al transporte de mercancías, estamos hablando de una labor compleja que conlleva no solo la elección del medio de transporte adecuado en función del tipo de producto y del recorrido, sino que engloba otras acciones, como son las urgencias de envío, la elección de infraestructuras o el cumplimiento de regulaciones nacionales o internacionales en función del punto de destino.

Por tanto, es fundamental conocer los medios de transporte disponibles en la actualidad y su correspondiente impacto económico. La elección de un determinado medio puede reducir tiempos y costes logísticos a la empresa, puede mejorar su competitividad y acercar el producto a clientes situados en otros mercados.

No obstante, también existen dificultades en las labores de distribución, como son la congestión de rutas, los efectos medioambientales, la seguridad de las cargas y las condiciones laborales del personal involucrado en estas tareas. Todo ello exige una gestión integral del transporte, que combine eficiencia operativa con criterios de sostenibilidad y responsabilidad social.

Por estos motivos, y al igual que era imprescindible para Roberto conocer los diferentes tipos de productos, es necesario que disponga de la información y formación necesaria sobre los medios de transporte empleados en su almacén, con el objetivo de verificar que son medio adecuado y que cumple las condiciones de traslado pactadas con el proveedor.

2. Tipos de transporte utilizado

 HILO CONDUCTOR

Roberto, a la hora de recepcionar la mercancía que llega a su almacén, debe conocer tanto el formato de los productos que son trasladados como el medio de transporte empleado por el proveedor para así saber, por un lado, si la mercancía ha viajado en condiciones óptimas y qué herramientas o máquinas emplear para su descarga.

El transporte de mercancías es la parte de la logística que une a proveedor y cliente final, ya sea en un ámbito local, nacional o internacional. La elección de un medio u otro va a ser un factor clave en aspectos tan importantes como son los tiempos de entrega, los costes logísticos, la conservación del producto y, por consiguiente, el nivel de servicio ofertado al cliente.

 DEFINICIÓN

Lead time
Es un concepto que hace referencia al tiempo que transcurre desde que un consumidor realiza un pedido hasta que es entregado por parte del transportista.

Debido a la evolución del comercio, el transporte es un ámbito que ha tenido que actualizarse con el fin de poder ser una ventaja competitiva para las empresas del sector logístico. Por este motivo, las empresas deben tener presentes diferentes aspectos a la hora de decidir cómo trasladar sus mercancías de un punto a otro:

Tipo de mercancía
- Cada tipo de producto presenta unas especificaciones individuales desde el punto de vista del embalaje, la seguridad en la conservación y las condiciones de tránsito. Por ejemplo, no es el mismo caso transportar productos perecederos que mercancía voluminosa.

Continúa en página siguiente >>

<< Viene de página anterior

Distancia
- El recorrido que debe hacer la mercancía determinará el medio de transporte adecuado para cada escenario. Por ejemplo, para un transporte local el medio terrestre sería la mejor opción, mientras que para un transporte internacional habría que optar por el medio marítimo o aéreo.

Urgencia
- La necesidad de una entrega rápida o inesperada que requiera un menor tiempo de distribución influirá en la selección del transporte, ya que, independientemente del coste, unos resultan más rápidos que otros, como es el caso del medio aéreo.

Infraestructura
- Este término hace referencia a las estructuras presentes en los puntos de origen y destino que puedan limitar o posibilitar determinadas operaciones, especialmente en zonas rurales, regiones remotas o países con desarrollos logísticos desiguales.

Con base en todo esto, existe una clasificación general acerca de los distintos medios de transporte de mercancías:

➲ **Terrestre.** Se trata del medio de transporte más empleado por las empresas del sector logístico, especialmente a nivel nacional y local, destacando por su flexibilidad y facilidad de acceso. Este medio emplea vehículos como camiones, tráileres y furgonetas o, en el caso de mercancías voluminosas o a granel, el transporte ferroviario.

En ocasiones, el transporte de productos líquidos es llevado a cabo mediante ferrocarril debido a su gran capacidad.

➲ **Marítimo.** Es el transporte por excelencia en el contexto internacional mediante el uso de embarcaciones como son los buques de carga o los portacontenedores. Suelen estar destinados al traslado de productos como vehículos, maquinaria o contenedores repletos de diversos productos.

El transporte marítimo es el medio que ofrece mayor capacidad debido a la gran cantidad de contenedores que puede llegar a trasladar.

➲ **Aéreo.** Transporte empleado para el traslado de mercancía de un alto valor económico, para envíos urgentes o para productos perecederos debido a su rapidez.

El transporte aéreo es, sin duda, el medio que ofrece el tiempo de entrega de mercancías más corto.

➲ **Multimodal.** Es la combinación de dos o más modos de transporte (por ejemplo, marítimo y terrestre) bajo un solo contrato de transporte. Es común en el comercio internacional y la logística moderna.

En ocasiones, el transporte multimodal es la mejor solución cuando el comercio es realizado entre países diferentes.

Estos medios de transporte presentan una serie de condicionantes que los hacen más o menos adecuados para el traslado de los diferentes tipos de mercancías. Por ello, elegir el medio correcto para realizar el transporte de los productos resulta fundamental para garantizar la eficiencia, seguridad y rentabilidad del proceso logístico.

 VÍDEO

En el transporte internacional de mercancías existen unas cláusulas denominadas *incoterms (international commercial terms)*, encargadas de gestionar las condiciones contractuales entre comprador y vendedor estableciendo responsabilidades para cada una de las partes.

En el siguiente vídeo puedes ver en qué consiste cada una de las cláusulas existentes:

https://redirectoronline.com/3070010502

Por este motivo, es importe que identifiquemos las ventajas e inconvenientes que presentan cada uno de los medios de transporte mencionados:

⮞ Terrestre:

  ◔ Ventajas:

   ⬍ Flexibilidad en rutas y horarios.
   ⬍ Ideal para distancias cortas o medias.
   ⬍ Mejor acceso a zonas rurales o de difícil acceso.
   ⬍ Adecuado para grandes volúmenes y largas distancias (ferrocarril).

  ◔ Inconvenientes:

   ⬍ Limitado por el tráfico y las condiciones climáticas.
   ⬍ Mayor contaminación ambiental.
   ⬍ Mayor riesgo de accidentes o robos.
   ⬍ Necesita transporte adicional para la entrega final (ferrocarril).

⮞ Marítimo:

  ◔ Ventajas:

   ⬍ Ideal para mercancías pesadas, voluminosas o a granel.
   ⬍ Bajo costo por tonelada en distancias largas.
   ⬍ Capacidad de transportar grandes volúmenes de mercancía.
   ⬍ Ampliamente utilizado en el comercio internacional.

  ◔ Inconvenientes:

   ⬍ Lento en comparación con otros medios.
   ⬍ Riesgos relacionados con clima y accidentes en el mar.
   ⬍ Costos adicionales en puertos y logística intermedia.
   ⬍ Requiere transporte complementario.

⮞ Aéreo:

  ◔ Ventajas:

   ⬍ Rápido y eficiente para entregas urgentes.
   ⬍ Alta seguridad y control de mercancías.
   ⬍ Ideal para productos perecederos, electrónicos o de alto valor.

◗ Inconvenientes:

  ⇕ Muy costoso comparado con otros medios.
  ⇕ Limitado por el peso y volumen de la carga.
  ⇕ Necesita transporte terrestre para distribución final.

➲ **Multimodal:**

◗ Ventajas:

  ⇕ Combina las fortalezas de varios medios.
  ⇕ Optimización de costos y tiempos.
  ⇕ Reducción de manipulación de carga gracias al uso de contene-
    dores.

◗ Inconvenientes:

  ⇕ Requiere alta coordinación logística.
  ⇕ Depende de infraestructura intermodal (puertos, terminales, etc.).
    Puede generar costos ocultos si no se gestiona adecuadamente.

Una de las grandes ventajas del transporte marítimo es que las empresas, dependiendo del volumen de sus envíos, pueden compartir el gasto y ocupación de los contenedores, lo que genera una ventaja económica en esta modalidad de transporte.

 **DEFINICIÓN**

Costos ocultos
Son aquellos que no están directamente relacionados con el producto pero que pueden afectar a la rentabilidad de un proceso, como pueden ser los tiempos de espera en aduanas en el caso del transporte internacional de mercancías.

En otro sentido, cuando nos referimos a los medios de transporte, también es preciso señalar aquellas **máquinas y herramientas** que permiten a los operarios y trabajadores poder ejecutar el traslado de mercancías en el interior del almacén. Estas operaciones se denominan "tareas de manutención" y pueden resumirse de la siguiente manera:

Carga y descarga
- Es la primera y última tarea en la cadena de actividades del manejo de la mercancía.

Traslado dentro del almacén
- Actividad producida desde el punto de descarga al área de almacenamiento y posteriormente desde el área de almacenamiento al muelle de salida o zona de preparación de pedidos.

Preparación de pedidos
- Consiste básicamente en la recogida de mercancías para la preparación de pedidos, bien en la propia zona de almacenamiento o bien en la zona de *picking* si existe en el almacén.

SABÍAS QUE...

La preparación de pedidos o *picking* es la actividad del almacén que más recursos materiales y humanos consume.

Los elementos y equipos de manutención utilizados en cada una de estas actividades van a depender del diseño y organización del almacén, del tipo de productos, de los movimientos dentro del almacén, del nivel de mecanización y automatización que se desee y del sistema de almacenamiento elegido.

Así pues, podemos clasificar estos elementos con base en dos criterios fundamentados en la existencia o no de movimiento de la propia maquinaria:

⮩ Vehículos de transporte:

⮩ Manuales. Son máquinas empleadas para el transporte y apilamiento de mercancía en diferentes procesos, como carga, descarga, traslado o ayuda en el *picking*. En esta clasificación estarían las traspaletas, manuales y eléctricas, y los apiladores.

⮩ Mecánicos. Medios empleados para el movimiento de mercancía paletizada y su almacenamiento a gran altura, llegando hasta los 30 m. Aquí se encontrarían las carretillas elevadoras y los denominados "transelevadores", sistemas utilizados en almacenes con alto nivel de automatización.

Los transelevadores son estructuras verticales situadas en railes que depositan y extraen los palés a lo largo de un pasillo hasta una altura máxima de 30 metros.

⊃ **Equipos con movimiento y sin traslado:**

- Cintas. Banda de goma situada sobre rodillos que desplaza la mercancía a medida que la va recibiendo.
- Rodillos. Son un sistema dedicado al transporte, acumulación y distribución de mercancías entre distintas posiciones dentro del almacén. Sirven para conectar diferentes naves logísticas o fábricas con sus almacenes.
- Transportadores automáticos. Se trata de sistemas que manipulan y trasladan la mercancía sin necesidad de que un operario los dirija.

Los transportadores automáticos desplazan la mercancía por el interior del almacén de manera autónoma.

VÍDEO

La automatización de los almacenes es algo cada vez más común en la actualidad, ya que es uno de los factores donde generar una ventaja competitiva.

En el siguiente vídeo puede observarse un almacén automático de la empresa Dafsa, en Valencia, donde todos sus procesos son realizados de manera mecánica:

https://redirectoronline.com/3070010501

TAREA 6

La empresa RoPaco S. A. dispone de un almacén central ubicado en Madrid. Para hacer una compra en Tokio decide alquilar un contenedor completo para poder trasladar la mercancía hasta su almacén. ¿Qué medios de transporte deberían usarse para trasladar la ropa desde Tokio?

ACTIVIDAD 5

Una empresa dedicada a la distribución en territorio nacional e internacional suele emplear las diferentes modalidades de transporte disponibles. Sin embargo, hoy debe hacer una entrega en otro país lo más rápido posible y manteniendo unas condiciones elevadas de seguridad debido al alto valor de la mercancía que debe transportar. ¿Qué medio sería el aconsejado para hacer frente a este encargo?

ACTIVIDAD COMPLEMENTARIA

5. Realiza un análisis sobre los diferentes métodos e innovaciones existentes para la automatización de los almacenes. ¿Cuáles son las opciones más empleadas?

TAREA 7

Con base en los diferentes medios de transporte explicados anteriormente, busca información sobre los siguientes aspectos:

a. ¿Cuáles son las rutas comerciales más utilizadas actualmente con ese medio?
b. ¿Qué tipo de mercancías se transportan principalmente por ese medio?
c. ¿Cuáles son las ventajas y desventajas económicas o ambientales?
d. ¿Hay alguna innovación reciente (tecnología, sostenibilidad)?
e. ¿Qué países dependen más de ese medio y por qué?

3. Resumen

En conclusión, los medios de transporte, tanto de distribución externa como de traslado interno, constituyen un elemento básico y fundamental para lograr cumplir con los plazos y condiciones de entrega pactados, ya que se trata de dos fases de vital importancia dentro de lo que conocemos como "cadena de suministro".

En el primero de los casos, los medios de transporte suponen la herramienta empleada por las empresas para conseguir un flujo físico de mercancías entre diferentes puntos, ya sea a nivel local, nacional o internacional. Su elección depende de factores como el tipo de carga, la urgencia, el presupuesto disponible y las condiciones del trayecto. Más allá del medio utilizado, lo importante es que el transporte sea confiable, seguro y adecuado para las características del producto.

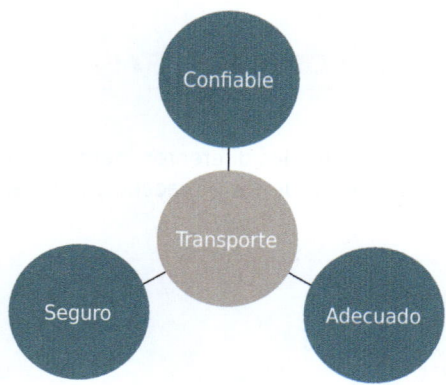

En el segundo de los casos, los llamados "equipos de manutención" son las herramientas que ayudan en el trabajo diario y permiten agilizar y optimizar las tareas y actividades ejecutadas en el interior de un almacén. Gracias a ellos, se optimizan los tiempos de trabajo, se reduce el esfuerzo físico del personal y se minimizan los riesgos de daño en la carga.

En conjunto, el transporte y la manutención cumplen un papel clave en el buen funcionamiento logístico. Una planificación adecuada, el uso eficiente de los recursos y la incorporación de tecnologías apropiadas pueden marcar la diferencia entre una operación exitosa y una gestión ineficiente. En un contexto donde la rapidez y la precisión son cada vez más valoradas, ambos procesos deben ser considerados estratégicamente para mejorar la competitividad de cualquier empresa o sistema de distribución.

Ejercicios de autoevaluación
Unidad de Aprendizaje 5

1. ¿Cuál es el medio de transporte más empleado por las empresas del sector logístico?

    a. Terrestre
    b. Marítimo
    c. Aéreo
    d. Multimodal

2. El transporte adecuado para la mercancía de alto valor económico es el...

    a. ... terrestre.
    b. ... marítimo.
    c. ... aéreo.
    d. ... multimodal.

3. Si el transporte se realiza entre países diferentes empleando más de un medio de transporte se denomina:

    a. Terrestre
    b. Marítimo
    c. Aéreo
    d. Multimodal

4. ¿Cuál es el proceso del almacén que consume más recursos materiales y humanos?

    a. Recepción
    b. Almacenaje
    c. *Picking*
    d. Descarga

5. La banda de goma situada sobre rodillos que desplaza la mercancía a medida que la va recibiendo se denomina...

    a. ... cinta.
    b. ... rodillo.

c. ... transportador.
d. ... transelevador.

6. **Determina si la siguiente oración es verdadera o falsa: "El *lead time* es el tiempo que transcurre desde que un producto es fabricado hasta que el cliente lo solicita".**

   ■ Verdadero
   ■ Falso

7. **Las cláusulas que legislan el mercado internacional se denominan...**

   a. ... decretos.
   b. ... acuerdos.
   c. ... *incoterms.*
   d. ... leyes.

8. **Los apiladores son equipos de manutención...**

   a. ... manuales.
   b. ... mecánicos.
   c. ... automáticos.
   d. ... sin movimiento.

9. **Determina si la siguiente oración es verdadera o falsa: "Los costos ocultos son aquellos que no están directamente relacionados con el producto pero que pueden afectar a la rentabilidad de un proceso".**

   ■ Verdadero
   ■ Falso

10. **Relaciona cada medio de transporte con su ventaja correspondiente:**

    a. Terrestre
    b. Marítimo
    c. Aéreo
    d. Multimodal

— Combina las fortalezas de varios medios.
— Mejor acceso a zonas rurales o de difícil acceso.
— Rápido y eficiente para entregas urgentes.
— Ideal para mercancías pesadas, voluminosas o a granel.

Documentos relacionados con la recepción de mercancías

Contenido

1. Introducción
2. Documentos básicos: albarán, factura, orden de compra
3. Control documental
4. Resumen

Objetivos

Los objetivos específicos de esta Unidad de Aprendizaje son:

→ Interpretar correctamente la información contenida en los documentos de recepción.

→ Aplicar procedimientos estandarizados para el control documental.

→ Identifica los distintos tipos de documentos relacionados con la recepción: pedido, albarán, etiquetas, carta de porte, acta e informe de recepción.

1. Introducción

La recepción de las mercancías supone el inicio de las dos cadenas mencionadas hasta el momento, suministro y logística, tanto para las empresas dedicadas a la fabricación como para aquellas cuya actividad se centra en la comercialización. Supone el momento en que los pedidos solicitados llegan al almacén y, por tanto, donde se lleva a cabo el primer proceso de control sobre los productos que repercutirá en las sucesivas tareas que deberán ejecutarse. Es en este momento cuando se verifica que lo recibido corresponda con lo solicitado, tanto en términos de cantidad como de calidad, y se detectan posibles errores, faltantes, daños o incongruencias que podrían afectar la operación o generar costos adicionales.

Por todo esto, un factor clave que garantizará la correcta recepción de mercancías son los documentos que la acompañan. Estos documentos suponen una herramienta para garantizar la trazabilidad de los productos y son una ayuda para llevar una gestión de inventario más ágil, además de suponer un soporte legal y administrativo del proceso de recepción.

Así pues, una gestión documental adecuada en esta etapa no solo asegura la transparencia y eficiencia del proceso logístico, sino que también permite detectar irregularidades, mejorar la comunicación interdepartamental y reducir riesgos operativos.

En este sentido, y debido al avance tecnológico e implantación de procesos automatizados, la gestión documental es un proceso que se ha optimizado de manera notable. Hoy en día, los sistemas de gestión implantados o los ERP de los que disponen las empresas han transformado la manera en que se documenta y verifica la recepción de mercancías, permitiendo una integración en tiempo real con otras áreas de la empresa y mejorando la visibilidad de toda la cadena de suministro.

En conclusión, la documentación existente alrededor del proceso de recepción no solo se emplea como herramienta de control, sino que debe ser un instrumento al servicio de las empresas que mejore las relaciones con sus proveedores y permita garantizar la calidad de los productos solicitados. Comprender su función, características y correcta utilización es esencial para cualquier profesional involucrado en la gestión de la cadena de suministro, ya sea desde una perspectiva operativa, administrativa o estratégica.

Dicho esto, la labor de Roberto va más allá de la manipulación y traslado de los productos físicos y la identificación de estos. De nada sirve ejecutar esta tarea sin relacionarla con los documentos correspondientes, por lo que es fundamental que conozca la documentación que deben acompañar cada proceso logístico, así como identificar su estructura y contenido.

2. Documentos básicos: albarán, factura, orden de compra

 HILO CONDUCTOR

Las operaciones llevadas a cabo en el área de recepción no deben ser las mismas en todas las empresas, ya que estas dependerán de diversos factores, al no tratarse de actividades estandarizadas. No obstante, son tres los documentos que, de manera común, aparecen en todas la empresas y que Roberto debe conocer para lograr una recepción ágil y eficiente.

En lo que respecta al flujo de información existente en los almacenes y que se deriva de las diferentes operaciones que allí se llevan a cabo, cada documento cumple una función específica y debe aparecer en un momento concreto de la cadena logística. De manera general, el siguiente esquema muestra el flujo de información existente en una operación logística entre proveedor y cliente.

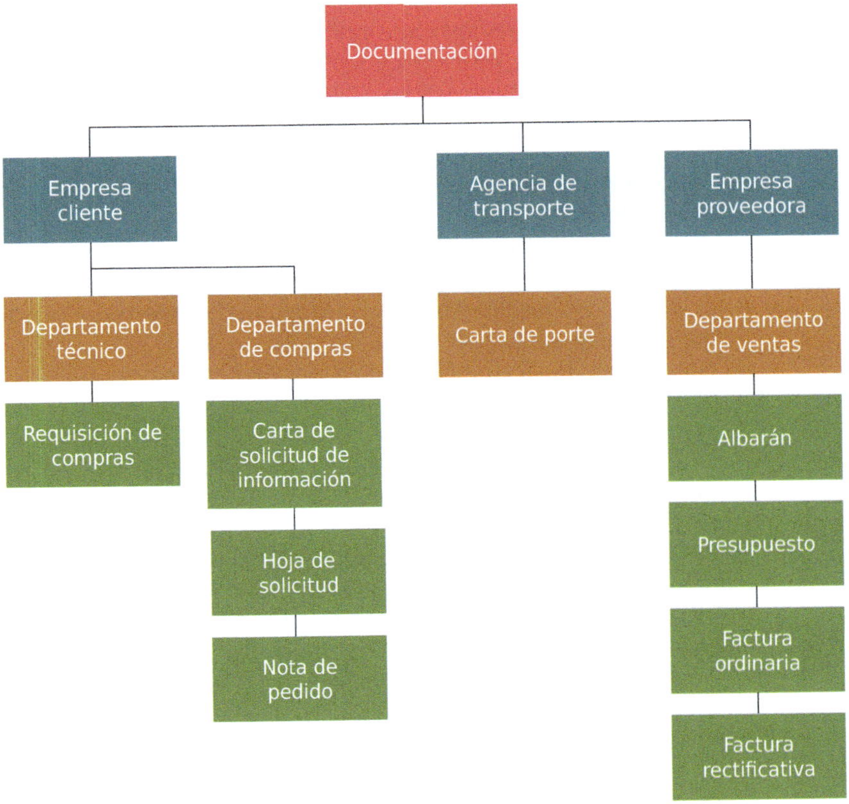

```
                          ┌──────────────────┐
                          │  Documentación   │
                          └──────────────────┘
          ┌────────────────────────┼────────────────────────┐
  ┌───────────────┐        ┌───────────────┐        ┌───────────────┐
  │    Empresa    │        │  Agencia de   │        │    Empresa    │
  │    cliente    │        │  transporte   │        │   proveedora  │
  └───────────────┘        └───────────────┘        └───────────────┘
    ┌─────────┴─────────┐          │                        │
┌──────────┐      ┌──────────┐ ┌──────────┐         ┌──────────────┐
│Departamento│    │Departamento│ │Carta de  │       │ Departamento │
│  técnico   │    │ de compras │ │  porte   │       │  de ventas   │
└──────────┘      └──────────┘ └──────────┘         └──────────────┘
     │                 │                                   │
┌──────────┐      ┌──────────┐                      ┌──────────┐
│Requisición│     │ Carta de │                      │ Albarán  │
│de compras │     │solicitud de│                    └──────────┘
└──────────┘      │información│                           │
                  └──────────┘                      ┌──────────┐
                       │                            │Presupuesto│
                  ┌──────────┐                      └──────────┘
                  │ Hoja de  │                           │
                  │ solicitud│                      ┌──────────┐
                  └──────────┘                      │ Factura  │
                       │                            │ ordinaria│
                  ┌──────────┐                      └──────────┘
                  │ Nota de  │                           │
                  │  pedido  │                      ┌──────────┐
                  └──────────┘                      │ Factura  │
                                                    │rectificativa│
                                                    └──────────┘
```

IMPORTANTE

En cualquier empresa logística existen dos flujos estrechamente relacionados. En primer lugar, el denominado "flujo de mercancías", que es cualquier movimiento físico de los productos en el interior del almacén. Y, en segundo lugar, el flujo de información consiste en aquella documentación que debe acompañar en todo momento al mencionado flujo de mercancías.

Por ejemplo, para la recepción de un pedido debe aparecer, como mínimo, un albarán y una carta de porte.

A continuación, explicaremos cada uno de las partes del esquema aludiendo por separado a lo referido a:

⊃ **Empresa cliente:**

- Requisición de compra. Genera la solicitud de información a posibles proveedores.
- Carta de solicitud de información. Genera el presupuesto o la oferta a través de una carta o correo electrónico.
- Hoja de solicitud. Se trata de un documento interno para solicitar mercancía de una sección de la empresa a otra.
- Nota de pedido. Si no se ha firmado previamente un contrato de compraventa mercantil, el pedido hace, a veces, de contrato. Este, a su vez, genera el albarán.

⊃ **Empresa proveedora:**

- Presupuesto. Si se aprueba, se aprueba el pedido.
- Albarán. Es el justificante de la entrega y genera la factura.
- Factura. Si no hay devoluciones ni errores en este documento, supone el final de la cadena de trazabilidad en cuanto a documentación de compraventa.

⊃ **Agencia de transporte:**

- Carta de porte. Es el documento que autoriza el transporte de la mercancía. Se trata del documento que refleja la existencia de un contrato de transporte entre las empresas intervinientes.

El flujo documental entre empresas logísticas empieza cuando una de ellas solicita un pedido o diferentes productos a la otra. Aquí empiezan diferentes procesos que finalizarán con la entrega de la mercancía solicitada.

El primero de los pasos es que la denominada "empresa cliente", después de realizar un análisis de mercado en su departamento técnico, emita una nota de pedido donde se reflejen los productos solicitados y las condiciones exigidas en términos de precio y plazo de entrega. Esta nota de pedido es recibida por la empresa proveedora, la cual envía un presupuesto a la empresa cliente con los precios de sus productos y la aceptación o rechazo de las condiciones sugeridas por el cliente.

Si el presupuesto es aceptado, comienza el proceso de verificación de existencias en el almacén y la posterior preparación del pedido acompañado de la documentación correspondiente, como son el albarán y la factura.

2.1. Orden de compra

El último paso consiste en la distribución de la mercancía solicitada en el medio de transporte más adecuado hasta las instalaciones del cliente, donde este debe recibir la carta de porte que refleje las condiciones en las que ha sido transportada la mercancía y proceder a los procesos de recepción, como la verificación y control para continuar dependiendo del resultado de estos procesos, al registro o devolución de los productos recibidos.

Así, dentro de las diferentes operaciones que se llevan a cabo en la cadena de suministro y en las distintas tareas llevadas a cabo en el interior de un almacén, el primero de los documentos que debemos conocer e identificar para su correcto tratamiento es la orden de compra, cuyas características más destacadas son las siguientes:

- **Función.** Solicitar mercancía, establecer un compromiso legal y evitar malentendidos, especificando de manera clara las condiciones.
- **Intervinientes.** Cliente que realiza el pedido y empresa que lo recibe, reparte y entrega.
- **Clases:**

  - Estándar → Para compras únicas o específicas de productos o servicios.
  - Abierta → Utilizada para múltiples entregas en diferentes fechas, dentro de un límite.
  - Planificada → Se emite para compras futuras, con planificación de fechas y cantidades.
  - Contrato → Establece términos generales con un proveedor para entregas futuras.

- **Número de copias.** Una para la empresa, otra para el cliente y una tercera para el departamento de contabilidad.
- **Contenido.** No existe una obligatoriedad, pero lo común es incluir el número y fecha de emisión del pedido, descripción de los productos, condiciones de compra y firma del emisor.

Datos del comprador		Orden de compra n.º:		
		Fecha:		
CIF/NIF:		Referencias:		
Plazo de envío:	Proveedor:			
	CIF/NIF:			
Dirección de entrega:	Nombre:			
	Dirección:			
	Población:			
	C. P.: Provincia:			

Ref./Cód	Descripción	Cantidad	Precio	Importe
			Importe	

Forma de pago:	Condiciones:
	Aceptado por:
	(Firma y cargo)

2.2. Albarán

En cuanto al albarán, debemos saber que es el documento que relaciona los productos enviados, debe acompañarlos siempre y acredita su entrega. El albarán devuelto y firmado por el cliente servirá de testigo y guía para la formalización de la factura. Al igual que en el caso de la orden de compra, podemos destacar una serie de características principales:

- **Función.** Justifica la salida de los productos y, una vez firmado, certifica la entrega de estos.
- **Intervinientes.** La empresa es quien lo emite y el cliente quien lo recibe.
- **Clases:**

  - Valorado → Es el que incluye el precio de los productos que son entregados al cliente, posibles descuentos e impuestos. Con este documento se puede proceder a la facturación del pedido.
  - Sin valorar → Contiene los datos descritos anteriormente sin especificar el precio de los diferentes productos ni del pedido en general, por lo que, tras ser firmado por el cliente, se procede a la emisión de la factura.

- **Número de copias.** Mínimo 3.
- **Contenido.** No es obligatorio, pero lo común es incluir el número y fecha de emisión del albarán, descripción de los productos, cantidad, precios unitarios, lugar y condiciones de entrega.

Datos del vendedor			Albarán n.º: Fecha:		
			Datos del cliente:		
NIF:			NIF:		
Enviado por: Transportista: - Portes: - Bultos:			Referencias: - N.º pedido: - Fecha pedido:		
Ref./Cód	**Descripción**		**Cantidad**	**Precio**	**Importe**
				Importe	
Observaciones:		**Recibí:**			
		(Firma, nombre y cargo)			

2.3. Factura

Por último, otro de los documentos que debemos tratar de manera correcta es la factura, la cual se genera una vez el cliente realiza el pedido y recibe los productos solicitados. Al igual que sucede cuando el cliente recibe el albarán, la factura debe ser revisada previamente para verificar que los datos son correctos, especialmente en lo referido a su contenido y a los cálculos reflejados en ella. Entre las características de la factura se pueden señalar las siguientes:

- **Función.** Sirve como documento justificativo para poder ejercitar todas las acciones que de ella se derivan, además de ser el comprobante legal de una operación de compraventa.
- **Intervinientes.** La empresa vendedora es quien la emite y el cliente quien la recibe.
- **Número de copias.** Dos, la original para el cliente y una copia para la empresa vendedora.
- **Contenido.** Es obligatorio incluir el número de la factura, la identificación de la empresa y el cliente, la descripción de la operación y su contraprestación total, además del lugar y fecha de emisión.

Empresa:					
CIF:		**Factura n.º:**			
Fecha Fra.:		**Cliente:**		**NIF/CIF:**	
Referencias:					
Albarán:					
Pedido:					

Ref./Cód	Descripción		Cantidad	Precio	Importe

Observaciones:		**Total bruto**		
	Descuentos	**%**	**Base**	
Forma de pago:				
Domiciliación:		**Base imponible**		
		IVA		
		TOTAL A PAGAR		

IMPORTANTE

Hay que tener en cuenta que el formato de los distintos documentos no es estandarizado para todas las empresas, por lo que la estética y forma de estos puede ser distinto para cada empresa.

En cuanto a las facturas, debemos saber que existen diferentes tipos en función del tipo de operación que se esté realizando y que resulte más eficiente para las partes involucradas, siendo las más habituales:

Ordinaria
- Es el documento común que verifica y concede carácter legal a cualquier operación de compraventa.

Electrónica
- Tiene la misma función que la factura ordinaria, pero en formato digital.

Simplificada
- En este documento no es obligatorio que figuren todos los datos que sí deben aparecer en la factura ordinaria.

Rectificativa
- Documento cuya función es modificar una factura anterior que no se puede aceptar como correcta debido a que presenta errores que conducen a un cálculo económico erróneo.

Recapitulativa
- Se trata de un documento donde se reflejan diferentes operaciones de compraventa presentadas como una sola.

Proforma
- Equivale a una oferta comercial o presupuesto, ya que se emite antes de realizar la compra y carece de validez legal.

 SABÍAS QUE...

Por norma general, las empresas suelen ofrecer descuentos en las facturas con el objetivo de agilizar la negociación y así poder cerrar las compraventas o fidelizar clientes. Estos suelen ser tres y, por norma general, deben aparecer en el siguiente orden:

- Descuento comercial → Ofrecido para promocionar productos o con motivo de ofertas.

Continúa en página siguiente >>

<< Viene de página anterior

- Descuento por volumen de compra o rappel → Ofrecido en función del número de productos comprados por el cliente.
- Descuento por pronto pago → Ofrecido para incentivar el pago antes de las fechas acordadas.

ACTIVIDAD 6

Una empresa de compraventa de productos de diferentes tipos recibe numerosos pedidos a lo largo de la jornada laboral. Debido a esto, cada operario es responsable de la mercancía que recepciona. ¿Qué documento es el que va a reflejar la conformidad de la entrega una vez firmado?

---

3. Control documental

 HILO CONDUCTOR

La labor de recepción es una tarea cuya complejidad aumenta en función del volumen de mercancías que puedan recibirse. En ese sentido, es de vital importancia que Roberto sea capaz de mantener un control y orden de todos los documentos relacionados con la recepción para así lograr un flujo ágil y eficiente en la entrada de su almacén.

El control documental en la recepción de las mercancías se basa en la verificación de que los productos recibidos son los solicitados, encontrándose en óptimas condiciones según lo pactado a la hora de realizar el pedido. Por este motivo, la recepción no es una actividad basada exclusivamente en la comprobación física del estado de las mercancías, sino que implica también una revisión exhaustiva de los documentos que acompañan la entrega, los cuales respaldan legal, operativa y administrativamente la transacción.

En este proceso aparecen una variedad de documentos con una función muy específica para cada uno de ellos. Además de los mencionados en el apartado anterior, es importante mencionar otros, como son las etiquetas de identificación o el acta e informe de recepción. El objetivo es revisar toda la información detalladamente para, una vez verificados, poder archivarlos de la manera adecuada y evitar errores que puedan afectar la gestión de inventarios, la contabilidad y la relación con los proveedores.

En este sentido, las etiquetas identificativas son una herramienta fundamental en la recepción de mercancías por la cantidad de información que contienen, como pueden ser códigos de barras, número de lote, fecha de vencimiento, descripción del producto y datos del proveedor. Su correcta lectura permite una identificación precisa de los productos, facilita el registro en los sistemas de inventario y contribuye a la trazabilidad del producto dentro de la cadena logística. Así, podemos clasificar las etiquetas y su función de la siguiente manera:

Tipos	- Estas etiquetas pueden ser leídas mediante códigos de barras, QR, conteniendo información como el número de lote o serie, fecha de caducidad, nombre del producto o del proveedor.
Función	- Facilitan la clasificación, ubicación y registro en sistemas informáticos. Son esenciales para sectores con trazabilidad estricta como el alimentario o el farmacéutico.

Las PDA son la herramienta empleada en los almacenes para la lectura de las distintas etiquetas.

Otro documento importante en la recepción de mercancías, más allá de la orden de compra, el albarán y la factura, es el acta o informe de recepción. Se trata de un documento de carácter interno que confeccionan los trabajadores del área de recepción una vez que la mercancía es recibida. Se trata de la recogida de información sobre diferentes aspectos de la recepción, como pueden ser:

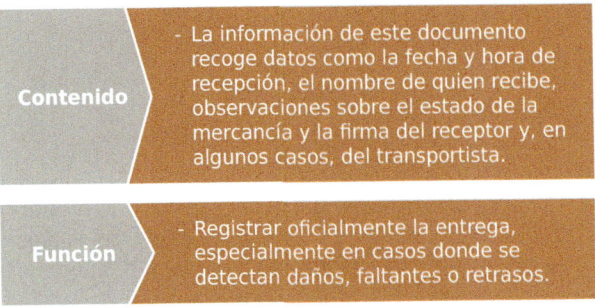

Contenido - La información de este documento recoge datos como la fecha y hora de recepción, el nombre de quien recibe, observaciones sobre el estado de la mercancía y la firma del receptor y, en algunos casos, del transportista.

Función - Registrar oficialmente la entrega, especialmente en casos donde se detectan daños, faltantes o retrasos.

Por otra parte, para poder llevar un control exhaustivo de las mercancías recibidas, es aconsejable una clasificación de estas en función de los pedidos que han sido emitidos y que han sido recibidos, con el objetivo de evitar la aparición de incidencias o imprevistos que puedan afectar al proceso final de la entrega de los productos. Así, lo habitual es registrar los pedidos mediante fichas o a través de soportes informáticos, en función del volumen de pedidos, donde se recoja información como la que aparece en el siguiente cuadro:

Registro de pedidos						
N.º de pedido	Fecha de pedido	Cliente	Productos	Fecha de envío	Fecha de entrega	Observaciones

Por lo tanto, el registro y control de los documentos relacionados con las mercancías que se reciben aportan una serie de beneficios para las empresas como son:

➲ **Reducción de errores.** Al verificar cuidadosamente los documentos, como el pedido de compra, el albarán de entrega y las etiquetas de los productos, el personal encargado puede detectar discrepancias entre lo solicitado y lo recibido, como diferencias en cantidades, productos equivocados o unidades dañadas.

- ⮒ **Transparencia.** Un control documental claro y ordenado favorece una relación más profesional, fluida y transparente con los proveedores.
- ⮒ **Gestión de reclamaciones.** Cuando una entrega presenta daños, faltantes o no conformidades, disponer de documentación clara y completa permite realizar reclamaciones de manera eficiente.
- ⮒ **Cumplimiento normativo.** En sectores altamente regulados como el farmacéutico, el alimentario, el químico o el sanitario, el control documental no es solo una buena práctica, sino una exigencia legal.

TAREA 8

La empresa Logistar recibe a lo largo de la semana diferentes productos provenientes de diversos proveedores. Una de las mañanas recepcionaron un pedido de 100 cajas de productos perecederos, por lo que un operario del almacén se ha ocupado de revisar la documentación que acompañaba al pedido. ¿Cuál de las siguientes es la orden de pedido, el albarán, la carta de porte, el acta y el informe de la recepción?

a. Un informe interno en el que el supervisor del almacén deja constancia de una diferencia de 5 cajas faltantes y sugiere informar al proveedor.
b. La hoja con el detalle del contenido entregado, sin precios, firmada por el transportista.
c. Información adherida a cada caja con información como lote, fecha de vencimiento y código de barras.
d. El documento emitido por la empresa de transporte con los datos del viaje y del transportista.
e. El informe interno con las observaciones sobre la diferencia en la cantidad recibida.
f. Una hoja generada por el sistema de compras con la cantidad y tipo de productos solicitados.

ACTIVIDAD COMPLEMENTARIA

6. Realiza un análisis sobre la teletransmisión de documentos en las empresas logísticas. Busca en internet información sobre las herramientas empleadas para ello. ¿Cuáles son las más utilizadas?

4. Resumen

Podemos concluir que el control documental en la recepción de las mercancías es fundamental para el devenir de las posteriores operaciones logísticas, ya que garantiza que los productos recibidos coincidan con lo solicitado y que su entrega cumpla con las condiciones pactadas.

Por ello, es necesario manejar y conocer bien el continente y contenido de los documentos que más relevancia tienen a la hora de recibir productos en un almacén. Por un lado, la orden de compra es el documento que da inicio al proceso y formaliza la solicitud al proveedor. Posteriormente, el proveedor genera el albarán de entrega, el cual acompaña físicamente a la mercancía y detalla los productos enviados, aunque sin precios. Este documento es fundamental para verificar que la entrega corresponde a lo solicitado.

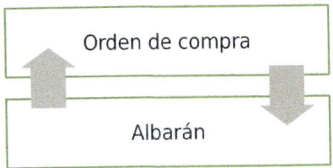

Además de los mencionados documentos, los operarios tienen que servirse de otras herramientas útiles en este procedimiento, como son las etiquetas, la carta de porte que trae la persona encargada del traslado de las mercancías y el acta de recepción, con las cuales puede dejarse constancia de lo recibido, anotando las observaciones o incidencias existentes.

Por lo tanto, el uso y archivo adecuado de todos los documentos aporta diferentes beneficios para las empresas, que van desde la reducción de errores en el inventario hasta facilitar las posibles reclamaciones que deban realizarse en el caso de errores en el suministro.

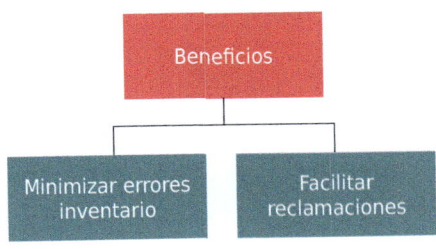

Ejercicios de autoevaluación
Unidad de Aprendizaje 6

1. **¿Cuál es el documento que genera la solicitud de información a posibles proveedores?**

   a. Nota de pedido
   b. Hoja de solicitud
   c. Carta de solicitud de información
   d. Requisición de compra

2. **Si no hay devoluciones ni errores, el documento que supone el final de la cadena de trazabilidad en cuanto a documentación de compraventa se denomina...**

   a. ... carta de porte.
   b. ... orden de compra.
   c. ... albarán.
   d. ... factura.

3. **El documento que autoriza el transporte de mercancía entre las empresas intervinientes se denomina...**

   a. ... carta de porte.
   b. ... orden de compra.
   c. ... albarán.
   d. ... factura.

4. **¿Cuál es la orden de compra utilizada para múltiples entregas en diferentes fechas, dentro de un límite?**

   a. Estándar
   b. Abierta
   c. Planificada
   d. Contrato

5. El documento empleado para solicitar mercancía, establecer un compromiso legal y evitar malentendidos especificando de manera clara las condiciones es...

    a. ... la carta de porte.
    b. ... la orden de compra.
    c. ... el albarán.
    d. ... factura.

6. Determina si la siguiente oración es verdadera o falsa: "El *rappel* es el descuento que ofrecen las empresas en función del volumen de compra".

    ■ Verdadero
    ■ Falso

7. El tipo de factura donde no es obligatorio que figuren todos los datos que sí deben aparecer en la factura ordinaria se llama...

    a. ... simplificada.
    b. ... rectificativa.
    c. ... recapitulativa.
    d. ... proforma.

8. Mínimo número de copias del albarán:

    a. 1
    b. 2
    c. 3
    d. 4

9. Determina si la siguiente oración es verdadera o falsa: "Las etiquetas facilitan la clasificación, ubicación y registro en sistemas informáticos".

    ■ Verdadero
    ■ Falso

10. Ordena de manera correcta el ciclo documental de la recepción:

    a. Factura - Albarán - Orden de compra
    b. Albarán - Orden de compra - Factura
    c. Orden de compra - Factura - Albarán
    d. Orden de compra - Albarán - Factura

Glosario

Acta de recepción
Documento que registra oficialmente la entrega, especialmente en casos donde se detectan daños, faltantes o retrasos.

Albarán
Documento que relaciona los productos enviados; debe acompañarlos siempre y acredita su entrega.

Cadena de suministro
Proceso que engloba todos los procesos y agentes existentes desde la fabricación de un producto hasta su adquisición por el cliente final.

Cadena logística
Abarca todos los procesos ejecutados en el almacén pudiendo resumirlos en aprovisionamiento, fabricación, almacenamiento, distribución y logística inversa.

Carta de porte
Documento que autoriza el transporte de la mercancía. Se trata del documento que refleja la existencia de un contrato de transporte entre las empresas intervinientes.

Cliente interno
Es considerado cada uno de los trabajadores de la empresa.

Costos ocultos
Aquellos que no están directamente relacionados con el producto pero que pueden afectar a la rentabilidad de un proceso.

Desconsolidación
Consiste en la recepción de un pedido de gran volumen para su posterior desagrupación de manera que cada envío se despache de manera individual bajo su respectivo documento de transporte.

Display

Tablets empleadas en el almacén para el cotejo de mercancía, entre otras funciones.

ERP *(enterprise resource planning* o planificación de recursos empresariales)

Integra todos los procesos logísticos, contables y administrativos en una sola plataforma, lo que permite que las entradas de mercancías queden registradas automáticamente cuando se recibe un pedido de compra.

Etiquetas

Herramientas que facilitan la clasificación, ubicación y registro en sistemas informáticos.

Factura

Documento legal que acredita una operación de compraventa.

FIFO *(first in, first out)*

Asume que los primeros productos en entrar al almacén son los primeros en salir, lo que resulta en una valorización de inventario basada en los costos más recientes.

Granel

Mercancías que no van envasadas ni embaladas.

Hoja de solicitud

Documento interno para solicitar mercancía de una sección de la empresa a otra.

Incoterms

Cláusulas encargadas de gestionar las condiciones contractuales entre comprador y vendedor estableciendo responsabilidades para cada una de las partes.

Inspección cuantitativa

Se trata de un proceso basado en la contabilización de las partes que conforman un pedido, ya sean bultos, cajas, palés o unidades.

Inspección física

Se centra en revisar y comprobar el estado exterior de la mercancía, controlando posibles daños visibles en los embalajes, fugas, signos de contaminación, comprobación de la conservación del producto durante el transporte e identificación de la mercancía mediante el correcto etiquetado.

ISO 9001
Es una norma internacional emitida por la Organización Internacional de Normalización (ISO) que establece los requisitos para implementar y mantener un sistema de gestión de la calidad (SGC) en una organización.

Lead time
Tiempo que transcurre desde que un consumidor realiza un pedido hasta que es entregado por parte del transportista.

LIFO (last in, first out)
Considera que los últimos productos en entrar son los primeros en salir, por lo que el inventario final se valora con los precios más antiguos.

Mercancías peligrosas
Productos que representan riesgos para la salud, el medio ambiente o la seguridad.

Multimodal
Combinación de dos o más modos de transporte (por ejemplo, marítimo y terrestre) bajo un solo contrato.

Orden de compra
Documento empleado para solicitar mercancía, establecer un compromiso legal y evitar malentendidos especificando de manera clara las condiciones.

PDA
Herramienta empleada en los almacenes para la lectura de las distintas etiquetas.

Picking
Es la recogida de mercancías para la preparación de pedidos, bien en la propia zona de almacenamiento o bien en la zona de *picking* si existe en el almacén.

Precio medio ponderado
Consiste en calcular un costo promedio ponderado cada vez que se registra una entrada de mercancía, distribuyendo equitativamente el valor entre todas las unidades disponibles.

Productos perecederos
Mercancía con fecha de caducidad y donde el factor tiempo es fundamental debido a su conservación.

Requisición de compra
Genera la solicitud de información a posibles proveedores.

Rotura de *stock*

Momento en el que no se dispone de productos suficientes para hacer frente a la demanda de los clientes.

Señalización

Se trata de cualquier tipo de aviso que previene al trabajador de un peligro, ya sea en un pictograma, o a través de una señal visual o auditiva.

Sistema de gestión de almacenes

Software empleado por las empresas logísticas para gestionar todos los procesos y actividades ejecutadas, desde la recepción hasta la expedición de las mercancías.

SKU (*stock keeping unit* o unidad de mantenimiento de inventario)

Código único que se asigna a un producto para identificarlo y gestionarlo dentro del inventario de una empresa.

Transelevadores

Estructuras verticales situadas en railes que depositan y extraen los palés a lo largo de un pasillo hasta una altura máxima de 30 m.

Trazabilidad

Sistema por el cual las empresas pueden hacer el seguimiento de productos y pedidos a lo largo de todas las etapas de la cadena de suministro.

Verificación documental

Revisar y comparar los documentos que acompañan a la mercancía con los productos recibidos físicamente.

Bibliografía

Monografías

→ ESCUDERO Serrano, M. J.: *Técnicas de almacén*. Paraninfo. Madrid, 2023.

> Este libro resulta muy útil para iniciar el estudio de la logística abarcando novedades en innovaciones en equipos, etiquetado, envases, etc., y trabajando procesos como recepción, registro de mercancías y manipulación.

→ FLAMARIQUE Ferrer, S.: *Manual de gestión de almacenes (2.ª ed.)*. ICG Marge, SL. Barcelona, 2024.

> Manual práctico que trata la operativa de la recepción de mercancías, los procesos dentro del almacén, control, ubicación, etc.

Textos electrónicos, bases de datos y programas informáticos

→ El proceso de recepción o entradas de mercancías, de: <https://ralog.es/el-proceso-de-recepcion-o-entradas-de-mercancias/>.

> Texto profesional que detalla las etapas de descarga, revisión, registro, incidencias, etc., uso de sistemas SGA y automatización.

→ Software de gestión de Almacenes Odoo, de: <https://www.odoo.com/es_ES>.

> En esta web puede leerse y practicar diferentes operaciones logísticas en un programa empleado por las empresas del sector.